台日情誼源遠流長，
患難見真情

野島剛

看見不一樣的日本

NOJIMA TSUYOSHI

野島剛

「高級國民」引發階級對立，
獲勝之道講求美學，不讓座是怕被嗆聲或婉拒……
野島剛的46種文化思索與社會觀察

目錄

CONTENT

日本的變與不變

日本，原來如此 147

「食文化」大解析

推薦序

站在孤峰頂上的二刀流

《中央社》社長　張瑞昌

野島剛應該是近年來最擅長書寫台日文化觀察的作家。他是媒體人出身，不僅觀察敏銳、快筆成文，而且涉獵廣泛、題材多元。以棒球來比喻，就是既能抓住甜蜜點的打擊好手，也是守備位置甚多的工具人。對比大聯盟有投打兼修的二刀流大谷翔平，寫評論也寫散文的野島，無疑也是文壇另類的二刀流。

向來快速出手的野島，這回的新作是他這幾年為台灣媒體撰寫的專欄，進而集結成冊，那是一貫帶有個人觀點的隨筆，有文化思索，也有社會觀察，每一篇都像是一記投向本壘板的精采好球，路徑變幻莫測，令旁觀者激賞不已。

曾派駐台灣、而今又走遍全台的野島，從日本人的角度解讀台灣，確實有獨到之處。搭計程車巧遇唱演歌的運將那一篇，堪稱書中的代表作，坐在後座的日本乘客，與手握方向盤的台灣運將，兩人在車中你一言我一語的對話，從素昧平生到相談甚歡的過程，宛如公路電影「一路順風」的畫面再現。

野島從而寫道「日本演歌也是從人們對自由的渴望中衍生出來的」、「民主人士將批判政府的想法寄託在音樂之中」，以及「演歌在戰後的快速經濟成長期復活」、「日本人把過去美好時代已逝的嘆息，寄託在歌手們的演歌上」等，這些敘述都生動地描繪了台日雙方藉由歌謠連結的共同經驗。那是世代的成長記憶，也是生活的日常感受。

再以「唐鳳爲何在日媒受寵」爲例，他寫七十八歲的科技大臣竹本直一曾擔任守護印章文化的會長經歷，六十八歲負責網路安全的國務大臣櫻田義孝自承是電腦盲，然後批判永田町的「大臣待機組」陋習，以及內閣改組被分配到雞肋，引來「庫存出清特賣會」的戲謔，這樣的分析展現出一個資深媒體人的功力。

野島還寫滷肉飯、腳底按摩、免治馬桶，就像他寫「誠品在日本瞬間成名的秘密」，他本身就是一個日本近年興起的「台灣熱潮」的傳教士，也因此，我們在書中看到野島比台灣人更台灣，甚至愛台恨鐵不成鋼。

在「國際不承認，就不是國家嗎？」一文中，野島說，他在日本的大學授課或各地演講，總會問現場觀眾：「你們認為台灣是國家嗎？」針對他的疑問，有贊成也有不贊成，而野島在演講最後總是如此回答：「戰敗後被佔領的日本，也曾得不到國際承認，當時的日本就不是國家嗎？並非如此吧。台灣也是一樣的。」

坦白說，作爲一個台灣友人，野島在演講結語的「借日喻台」是用心良苦的。

在輯二「日本的變與不變」，野島因媒體資歷而練就的社會解構力道更展露無遺。比方說，他從東京池袋的一起交通事故談起，剖析日本社會興起「高級國民」這個流行語的結構因素，有中產階級神話已告終結，也有高齡化社會的老後問題，而我閱讀此文時，不免覺得台灣有朝一日也將遭逢相同挑戰。

類似的感受在「日本中年宅男的復仇」、「ＮＨＫ女記者之死」等文，皆能俯拾、映照。如探討被終身雇用制犧牲的一代，野島認爲，日本勞動產業的扭曲，是造成「中年宅男」在當今日本引發社會事件的長遠因素。他在文中對數起重大社會案件的解構，以及面對社會病態的省思，讓我想起是枝裕和的電影「小偷家族」，兩者都具有強烈的社會意識。

跑過外務省新聞的野島，其實還善於政治觀察。在「兩個民調落後的人，如何逆轉勝當選日本首相」一文中，他從美國總統羅斯福勝選寫到日本首相安倍晉三出線，以民調是指向眼前的「現實」，而非指向「未來」，作爲評論台灣總統大選的切入點，的確高明。因此，當他論述安倍與其師父小泉純一郎，如何在自民黨黨魁選舉上演大逆轉時，我們更能看見一個資深政治記者的專業素養。

野島另一篇佳作是「東京歌舞伎町，竟是台灣人之城」，透過田野調查的經驗引路，從台北的林森北路寫到東京的歌舞伎町，帶出一段鮮爲人知的台日史料。原來「創造歌舞伎町的男人」是二戰前被視爲「二等國民」的台灣人，出身台中霧峰望族的在日華僑林以文，與在歌舞伎町經營風月場所的林再旺、開東京大飯店的僑選立委李合珠，三人統稱「歌舞伎町的三大華僑」。

像這樣的書寫，形同是爲讀者打開另一扇窗，如野島所言，引領我們看見「台灣人與戰後的日本」這個主題，那是日本「另一部戰後史」，是描寫戰後日本高度成長的內幕。當然，這一直是野島的強項，但願他能找出更多台灣人在日本活躍的歷史。

野島在書中曾談到寫作這件事，他說，一個人面對書桌獨語，奮力將思考化爲文字，確實是孤獨的過程，但寫的人幾乎不會感到孤獨。「因爲有讀者，才讓我們不孤單」。誠哉斯言，作爲一個野島剛的讀者，也抱著相同的期待，希望站在孤峰頂上的二刀流，能持續不斷地書寫，爲我們揮出更多安打，投出更多好球。

作者序

台灣和日本，在「施」與「受」之間

提到日本和台灣的關係，若是從歷史來看，似乎是日本施予台灣的部分比較多。長達五十年的日治時代，雖然過程中對反抗運動進行了殘酷鎮壓，但是把日本模式的近代化套用在當時的台灣社會，並且獲得一定的成功，這是有目共睹的吧。換句話說，日本為台灣帶來了近代化是不爭的事實。

日本因為戰敗而失去了台灣，但是進入日美同盟的保護傘內，也順勢搭上韓戰特需的熱潮。比起被捲入國共內戰的台灣，日本在戰後很快就從敗戰的廢墟中重新站起來。一九五〇年代開始邁入高度經濟成長時代，一九六四年舉辦東京奧運及新幹線的成功開通，日本製造的商品在國際上也是有口皆碑，非常受到歡迎，日本迎來了黃金時代。

相反地，這個時期的台灣還處於戒嚴時代，直到一九七〇年代的蔣經國推動十大建設計畫等，需要來自海外的投資和技術轉移，日本也在其中發揮了很大的作用。縱使是一九七二年的台日斷交，但是日本站在「施予」的立場並沒有改變。

依我個人的印象而言，日本是施予者，台灣是接受者，這樣的關係要到二〇一〇年左右爲止，原則上是沒有太大的變化。

在那之前，即使是二〇〇七年開通的台灣高鐵，也是日本的車輛技術轉移的成果。去到台灣，像是SOGO、新光三越的日系百貨公司，摩斯漢堡的速食連鎖店，街上充斥著日本的食品和電器用品，日本的影子深深烙印在台灣人的日常生活當中。從二〇〇七年到二〇一一年被派駐到台灣工作的期間，當時擔任日本報社特派員的我，經常聽到台灣政府官員抱怨「希望日本能夠多關注台灣」、「所謂的台日關係，不過是台灣的一廂情願罷了」。對身爲一介記者的我講這些，我也無能爲力，但是他們應該也是不吐不快吧。

從那之後迄今，過了近十年的光陰，我在在感受到日本和台灣的立場逆轉了，或者是說不分上下。起因還是要回溯到發生於二〇一一年的東日本大地震，台灣當時捐款給日本的義援金高達二百億日圓，讓日本人嚇了一大跳，並且大爲感動。綜觀台日關係的歷史，台灣可以說是首次站在施予者的立場吧。在那之後，台灣的飲食文化大舉進入日本，現在日本各地都可以看到台灣的珍珠奶茶店，還有超商販售滷肉飯、雞排等台灣特色的小吃料理。販售台灣的文具和雜貨等的店也增加了不少。

而且，二〇二〇年在新冠肺炎的防疫工作上，台灣政府的成功經驗在國際上一舉成名，台灣模式讓人刮目相看。徹底的出入境管制工作、整體社會的高度配合、資訊透明公開、風險溝通（risk communication）、口罩的自主生產等，不管是哪一項都值得讓日本借鏡參考的範本。日本雖然不及防疫失控的歐洲，即便如此，累計確診人數高達兩萬人，死亡人數近千人，在六月底的時間點，台灣的確診人數維持在五百人以下，死亡人數在十人以下。相較之下，日本的防疫工作顯然還差了一大截。

近來，日本政府因ＰＣＲ檢測和口罩供應等層出不窮的防疫問題，飽受批評。不管是動輒爲小事大動肝火的民衆，或者是被叮得滿頭包的官員，感覺每個人似乎都疲憊不堪。在我的周遭，甚至聽到沒去過台灣的人也大讚說：「眞羨慕台灣啊」、「台灣政府好像做得很好」。

尤其是聽到有人問我：「台灣人爲什麼如此注重衛生？」這個問題讓我不禁莞爾。原本台灣人喜歡日本的最大理由就是「因爲乾淨衛生」，衛生正是日本的價值之一，不少台灣人都是這麼認爲的。這次新冠肺炎衍生出的公共衛生問題，顯示出台灣遙遙領先日本。電視上連日來播放著台灣之所以防疫成功的報導節目，顯然地就是呼籲日本應該向台灣看齊。也因爲如此，陸續有出版社向我邀稿，七月二日在日本出版的《台湾はなぜ新型コロナウィルスを防げたのか》（暫譯：台灣對抗新冠肺炎的成功關鍵），直指日本政府的當務之急就是在防疫對策上向台灣取經。

在施與受之間，要讓這段台日情誼源遠流長，必須靠雙方共同的付出。在台日關係裡，台灣已經不再是一味地接受，而是成為了施予者，而將來日本是否還有東西可以施予台灣呢？我不禁感到憂心。即使如此，我身為一位作家，至少可以寫下日本人眼中的台灣和台日關係，持續提供給台灣社會。我在台灣的報章媒體上有多個專欄，本書就是集結這些文章而成的，也是時報出版的第三本書。

第一本是二〇一七年的《日本人默默在想的事：野島剛由小見真的文化觀察》、第二本是二〇一八年的《原來，這才是日本：做決定很迅速、生活成本不高、愛上臺灣環島……野島剛的34個文化深度探索》，這次是時報出版的第三本書。我想能夠讓出版社推出這一系列的書，也是因為前面兩本受到讀者的支持，所以才有第三本書的誕生。認眞說來，這三本書的內容皆屬於雜文集的範疇。

雜文本身和長篇的紀實小說或是短篇的新聞報導不同，堪稱是雜文高手的魯迅曾說雜文是「文藝性的論文」，裡面有一定的批判精神，需要對政治或社會秉持銳利的觀察。魯迅認爲如果沒有被討厭的勇氣，堅持寫該寫的東西，就無法寫雜文，我深有同感。當然，在批判的背後是出自對那個社會的關心，才有辦法和文章的讀者產生對話。

我也由衷期盼我的文章是在對台灣深摯情感的支撐下，作爲合理批評的雜文傳達給台灣讀者，而且透過這一本書能和更多舊雨新知的台灣讀者產生對話。

二〇二〇年六月三十日　東京　**野島　剛**

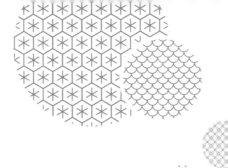

日本人
眼中的台灣

我對自己的中文溝通能力稍有自信，
在中國、香港、東南亞講中文，已經不太會被識破我是日本人的身分。
但是，台灣人太了解日本人了，
搭計程車時，司機馬上就會對我說：「你的中文好像日本人」。
我一聽到這話，怎麼想都覺得很受傷。

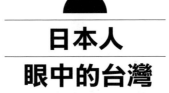

好想吃滷肉飯、做腳底按摩！我得了「台灣缺乏症」

在新冠肺炎疫情延燒全球後，我長達數月無法去台灣，哈日族也不能來日本。雖然被疫情阻隔，日本人卻比從前更認識台灣。我不斷思考，爲什麼日本防疫遠輸台灣？

老實說，跟那些因爲疫情的緊急事態而失業、減薪、無法上學的人比起來，我的狀況還算可以。寫作本來就是在家或職場上獨力爲之的工作，一個星期都沒有與人見面也不稀奇。工作量沒什麼太大的影響，因此我也沒打算大吐苦水。

只是，無法去台灣眞的很痛苦。自從我二〇一六年離開《朝日新聞》的工作，就每個月或每兩個月到台灣一次。但從今年一月起，我就沒到過台灣，至今已經三個月了*，我逐漸陷入了「台灣缺乏症」。我想吃滷肉飯、想吃排骨飯、想去腳底按摩、想去洗頭，也想見我的台灣朋友。在日本家中等待回復正常的我，時常湧現這些渴望。

同樣的，有不少台灣人也陷入了「日本缺乏症」吧？人口近兩千四百萬的台灣，去年就有五百萬人到訪日本。台灣人很喜歡日本，而世界第一的哈日國也是台灣。一年四季，春天賞櫻，夏天避暑，秋天賞楓，冬天看雪，爲了不同趣味而走訪日本的人不少。

祕境溫泉、美食居酒屋、絕佳的民宿等，台灣人比日本人還清楚。對於這樣的台灣人來說，這三個月的「日本斷捨離」，想必很辛苦。

即便如此，這三個月來，台灣在新冠肺炎防疫上的努力，讓日本人刮目

---

*本文撰寫於二〇二〇年五月中旬。至本書出版的八月為止，作者仍因日本疫情影響無法來台。

相看，跌破眼鏡，感到吃驚，日本電視新聞也不斷報導台灣的事。而台灣的政治人物裡，不只總統蔡英文，還有唐鳳、阿中部長、大仁哥也都在日本成了名人。

其中，我忍不住思考：「台灣是什麼時候超越日本的呢？」。流行病防疫對策，台灣的處理經驗遠超過日本。在日本，很多人指出：「因爲台灣有SARS經驗。」這只說對了一半。台灣確實以SARS的痛苦經驗爲起點，修改了傳染病防治法，也增設中央流行疫情指揮中心等，打造出防止新興傳染病入侵的法治與系統架構，這和今日的成功有關。

但是當時的教訓，不是只有台灣經歷到，其他國家也在SARS時期遭受打擊。二〇〇三年，我在新加坡生活，當時社會也非常混亂與恐怖。但新加坡這次的防疫策略，還是有許多人遭受感染而陷入痛苦；中國則再次隱匿資訊，拒絕WHO調查團介入。

即便是日本，也握有足夠資訊，深知SARS有多嚴重。當時，身處

ＳＡＲＳ抗疫策略最前線的ＷＨＯ西太平洋地區事務局局長，是日本人尾身茂。他也是現在日本政府新型冠狀病毒對策本部的諮議委員會長，日本首相安倍的記者會上，尾身茂總是站在旁邊給予支持，可說是日本對抗新冠肺炎的指揮官。

他是否記取ＳＡＲＳ的教訓，對日本這次抗疫策略有所幫助？答案是沒有。當時，ＷＨＯ因爲中國隱匿資訊，拒絕調查團介入而苦惱的時候，代表和中國交涉的窗口就是尾身茂。

但這次日本和ＷＨＯ都依賴中國提供的資訊，導致對新冠肺炎處置太慢。明明ＳＡＲＳ經驗就告訴我們，早期檢疫與隔離有其必要性，但日本的ＰＣＲ檢驗還是量能不足，檢測速度延遲的問題至今無法改善，隔離措施也只做半套，面臨感染人數增加，無法掌握實際狀況等種種問題。

也就是說，世界上有跟台灣一樣從ＳＡＲＳ學到教訓的國家，也有跟日本一樣沒學到教訓的國家。

此外，就算用盡全力做隔離和檢疫，完善法律與制度面，但社會整體的努力不足，對抗傳染病的防疫體系依舊無法運作。

要讓這個體系妥善運作，必須檢視如何維持民主主義的健全性、資訊公開、對弱勢的關心、如何活用專業人才、防止假新聞等，傳染病防治對策靠的是國家整體的綜合能力，公衛就是綜合政策。如此說來，SARS至今這十七年，台灣的努力沒有白費，才會有今天的成果。我認為，日本這次防疫失敗，就是「失落的十七年」造成的。

過去台日之間，從歷史架構來看，「日本給予、台灣接受」，幾乎常是這樣的關係。在國際社會遭到孤立的台灣，希望日本多伸出援手，日本人也很習慣聽到這種來自台灣的請求。

但這單向關係逐漸改變的契機，始於十年前。東日本大地震時，台灣為日本提供援助，台南地震由日本援助台灣，熊本地震時台灣援助日本，花蓮地震由日本援助台灣。地震時相互幫助，建構出「震災支援共同體」的關係。

這跟以往日本單方面給予台灣的關係不同，而是象徵了雙方互相給予、援助的平等關係。這次的新冠肺炎，台灣也是援助日本的那一方，和過去的角色截然不同。日本一直收到許多從台灣提供的援助、口罩等醫療物資。當然，新冠病毒的衝擊，無論防疫階段何時告終，都不得不面對接下來的經濟振興問題。我想此時，日本應該可以向台灣提供一些幫忙。

我期盼台日之間，在既有的「震災支援共同體」之外，可以此新冠肺炎問題爲契機，再培育出以傳染病防治爲中心的「防疫共同體」。這樣的概念，加上將來台日自由貿易協定、跨太平洋伙伴全面進步協定（CPTPP）等，建立結合防疫、防災和經濟的綜合性合作架構。台日的政治家，可以爲下一階段的台日關係做準備。

我在台灣搭計程車常覺得很受傷，直到遇見一個唱演歌的運將

在台灣搭計程車，對我來說是個壓力。

因爲搭車的時候，司機常問我「你是日本人嗎？」，我對自己的中文溝通能力稍有自信，而且在中國、香港、東南亞講中文，最近也已經不太會被識破我是日本人的身分。

我在中國的時候常說「我是香港人」或是「我從台灣來」。因爲只要一說我是日本人，對方就會說起日本該爲戰爭負起責任的話題，以及日本首相安倍的壞話。我說我不是日本人，中國人幾乎都會相信。

我知道，我的中文發音沒有特別「標準」，但對於北京、上海人來說，

他們常聽四川、山東人說中文，反而更難懂，所以整體來說，我的中文還算比較好理解吧。

至於東南亞的華人，很難想像日本人會說中文，所以就更容易相信我的話，因爲他們先入爲主的觀念認爲，日本人就是英文很差。

但是，台灣人太了解日本人了，計程車司機馬上就會對我說「你的中文好像日本人」。我一聽到這話，怎麼想都覺得很受傷，所以以前只要有台灣司機問我「你是日本人嗎？」，我就會心想「又來了」，然後不悅地以不友善的態度回他：「我是日本人沒錯，有什麼問題嗎？」

去年十二月上旬，我在台北松山機場降落後搭上計程車。果然，司機就問我「你是日本人嗎？」，但這次，他看起來跟以往的司機不太一樣。

這位五十多歲的計程車司機說：「如果你是日本人，我想請教你一件事。」接著，他說：「幫我聽一下這首歌。」他打開手機，播放音樂，那是日本重量級演歌歌手北島三郎的曲子。歌放到一半，司機以認眞的表情說：

「從這裡開始，仔細聽喔。」

唱到「鶴先生、龜先生」的地方，司機問我說：「這句怎麼發音？」我回答他：「是烏龜，烏龜先生。」他就欣喜地說：「烏龜（日語讀音kame）嗎？我還以爲是神（kami），原來如此。」

十多年前，他迷上演歌，就開始把歌詞寫在紙上，一一背下來。他把那張紙拿給我看，上面滿滿的都是手寫的歌詞。

「我們計程車司機有很多空閒時間。大家不是看電視，就是嚼檳榔，我是學演歌來打發時間，回到家也會唱卡拉ＯＫ，很開心。」他說。

我聽到司機這樣說，實在太開心，想都沒想就立刻低頭感謝他說：「謝謝你喜歡日本文化。」接著，我問他：「爲什麼這麼喜歡日本演歌？」

他解釋：「因爲日本演歌跟台語歌很像，台語歌幾乎是複製日本演歌而來，曲調都很熟悉。我查了一下歌詞的意思，內容也幾乎都能引起台灣人共鳴。」

其實，會聽日本演歌的台灣計程車司機很多。在台灣的寺廟裡，也常看到許多太太一早就開始唱日本演歌。為什麼台灣人這麼喜歡日本演歌，這是一個謎，但我想這應該跟戰後日本文化的限制有關。

戰後的台灣，是不准聽日本歌的，但那樣的曲調和風格，仍保留在台語歌謠之中。只是，在公開場合唱台語歌也沒有好處。我想我們可以說，直到解嚴後，台灣人可以唱自己喜歡的台語歌、日本歌謠，也形同於言論自由、表達自由的體現方式。

其實，日本演歌也是從人們對自由的渴望中衍生出來的。據說，演歌始於明治時代的民權運動，日本民主人士將批判政府的想法寄託在音樂之中，以日本風格的傳統音階，搭配西式節奏的歌曲，創造出折衷的混搭曲風。

演歌也在戰後的快速經濟成長期復活。當時，日本人把過去美好時代已逝的嘆息，寄託在歌手們的演歌上。包括石川小百合、八代亞紀、北島三郎、五木宏等，許多明星歌手在此時誕生，不知不覺地創造出「唱出日本心聲的傳統文化」，但當時距離日本人認眞開始唱出演歌也不過才五十年的時間。

在日本，演歌是六〇到七〇年代間成長的世代在唱。像我這樣在八〇年代成長的世代，對演歌是不討厭，但更喜歡中島美雪、佐田雅史這樣的歌手兼創作者，他們的歌在台灣也很流行。

我在大稻埕散步的時候，曾聽到河邊的廟裡傳出卡拉OK的歌聲。仔細一聽，發現是夏川里美的「淚光閃閃」。對於我的世代來說，夏川里美很親切。說到這，夏川里美每年都會在台灣辦演唱會，細川貴志也在二〇一九年年底到台灣辦過晚宴秀。對於日本歌手來說，台灣是個重要市場吧。

說起日本人會唱的台灣歌手的歌曲，大概就是鄧麗君了吧。我希望日本人也愈來愈熟悉不一樣的台灣歌曲，盛大舉辦台日歌謠交流活動。

台灣也有許多很棒的歌手，台灣的中文歌水平，我認爲，在華語圈相對來說非常優秀的。

其實，我很喜歡去卡拉ＯＫ唱台灣的歌。尤其是張惠妹的歌，我很有自信可以唱得不錯。有時候，日本朋友帶我到林森北路，台灣朋友們聽了都覺得感動。

若是我在台灣的星光大道之類的綜藝節目演唱，就會從作家變身為歌手也說不定。如此一來，我更要為了促進台日歌謠交流，奮不顧身地來努力了。

唐鳳在日媒受寵的理由

近來，在日本的政治新聞上曝光率最高的台灣官員是誰？台灣讀者猜得出來嗎？答案是政務委員的唐鳳。

跨性別者唐鳳是ＩＴ專家。民進黨政府上任後，被延攬擔任數位科技政務委員時才三十五歲，台灣民眾對他的工作能力也給予高度評價。但是，爲什麼唐鳳會被日本媒體如此頻繁地報導呢？

理由是在日本前一陣子被任命的科學技術ＩＴ大臣，與唐鳳形成強烈對比，因此日本媒體在批判這項新內閣人事時，唐鳳成了再適合不過的比較對象了。之前首相安倍晉三完成大規模的內閣改組，十九名閣員中有十七人職位異動，而且，被任命科技大臣的是七十八歲的衆議院議員竹本直一。

實際上，竹本曾擔任過爲了維持印章文化而成立的「日本印章制度・文化守護聯盟」的會長。科技大臣的工作理應是致力推動行政事務的數位化，與堅守在書面文件上蓋章的傳統印章文化是完全背道而馳的，於是在社群網路（SNS）上，網友紛紛對於這項任命表達擔憂，各種質疑聲浪四起。

其實之前也發生過類似的問題，衆議院議員櫻田義孝在就任負責網絡安全事務的國務大臣時是六十八歲，卻對網路一竅不通。在國會上接受質詢時，他明確表示自己是電腦盲，而且「不曾打過電腦」；還有，被問到關於USB接口的用途時，竟然回答：「要用的時候，好像要把它插到洞裡去，詳細情形我不太清楚」等，屢次出現不可思議的答辯內容，也成爲國際媒體的笑柄。

竹本大臣也是因爲年事已高，對IT的熟稔度遭到質疑，但是他本人似乎不以爲意，澄清說自己經常使用社群網路，這部分應該沒有疑慮。即使如此，要說是否擁有足以擔任IT大臣一職的專業度來講，那就未必了。正確說來，他的認知是使用智慧型手機的功能是「沒問題」的，那樣的話，程度未免也太差強人意了吧。果然不出所料，這次在網路上也拿他和唐鳳做對照，有網友說「差別也太大了吧」、「應該要向台灣學習的」。

為什麼沒辦法做到「適才適所」呢？那是因為和日本政壇的「大臣病」結構性問題有關。

通常，日本首相大概會在一至兩年內進行大規模的內閣改組，理由不外乎是「人心一新」（日本諺語。意思是透過重整人事，讓民眾有煥然一新之感）等籠統的說詞。但事實上，目的是為了提供職位給一大堆正在排隊等著要當上大臣的政治家。

政治家想要當上大臣的理由有幾個。首先，是有利於選舉。以前有句話說：「將來不是博士就是大臣」，用來形容父母望子成龍的期待，顯示出日本社會對於大臣一職有著強烈的憧憬，也容易接近利益和權力的核心，資金不虞匱乏。再者，對於政治家本人也是相當大的榮耀，將來接受天皇敘勳的等級也會提高等。

而且，在擔任大臣的期間，會配給專車、秘書和警備人員，可以在大臣專屬的辦公室工作，空間寬廣舒適。經常可以從當過大臣的政治家那裡聽到，當上大臣的感覺是無比的痛快。

因此，在國會議員裡面，如果曾當選五次以上的人就有資格進入「大臣待機組」，有機會被延攬入閣。但因爲能力強和知名度高的人會被優先任命，所以也有不少議員當選了七、八次，依然與大臣一職無緣。那樣的人在內閣改組時，通常就會被分配到除了外交、國防和總務大臣等重要職位以外的職缺，因此也被戲謔爲「庫存出清特賣會」。而日本的科技大臣就經常是用在這場特賣會上的職位，任用年紀大、不一定要懂ＩＴ的人物，也不會引起太大的反彈。

雖然我不認爲科技大臣一定要像是唐鳳這樣的ＩＴ專家，但至少要六十歲以下，對網絡有一定知識的人才，這樣給人的社會觀感也比較好吧。也可以從民間延攬有能力的高手，像是活躍於軟銀或是樂天的傑出人才等。處在資安問題足以動搖國本的網路時代，希望在ＩＴ領域上至少也要任用專業度高的大臣。

九份是否為神隱少女的舞台？

之前有位台灣年輕女孩爲了推廣台灣觀光，自製影片上傳社群平台YouTube公開，點閱率不到兩個禮拜就已經突破七十萬人次，於是我也跟風上網瞧瞧。

整支影片旋律輕快，三分鐘內囊括了觀光景點、美食和文化差異的介紹，讓很多日本人看了也相當感動。對於台灣觀光局設定的目標——一年間兩百萬的日本人到台灣旅遊，應該也起了推波助瀾的作用吧。看完這支完全自費和獨力完成的影片，讓人對她的努力和創意感到敬佩。

影片裡面，把新北市的九份和動畫《神隱少女》連在一起介紹。但是，《神隱少女》眞的和九份有關係嗎？

《神隱少女》是吉卜力工作室和宮崎駿導演的代表作之一，在日本和台灣的票房都很賣座，適合闔家觀賞的內容，對於現代人的環境破壞和暴飲暴食敲醒警鐘，含有啓蒙的要素，堪稱是一部足以名留青史的巨作吧。

九份，過去曾經因爲挖礦而興盛，亦隨著礦產枯竭而一度沒落。之後，作爲侯孝賢執導的電影《悲情城市》（一九八九年）的舞台，吸引國內外的觀光客紛沓而來，現在成爲代表台灣的觀光景點之一。

至於，有關《神隱少女》的製作是以九份爲舞台的說法，不知道是從什麼時候開始傳開，即使到現在，連日本的旅遊書上都出現這樣的記述，很多想要去台灣玩的日本朋友也會問我：「九份成爲《神隱少女》的舞台是眞的嗎？」

實際上，宮崎駿導演在接受電視採訪時，就曾回答說「不是」，甚至吉卜力工作室也公開說：「宮崎導演不曾去過九份勘查。」

之前，當我被問及這個問題時，感覺說眞話會壞了興致，只好用「是有這樣的傳言，可是不知道是眞是假！」來含糊帶過。一方面，我心想如果這樣的宣傳對台灣有幫助的話，那就睜一隻眼閉一隻眼吧。然而，事實就是事實，不實的傳言不應該一傳十、十傳百，這樣也會帶給創作者困擾，所以現在我會明確地否定說：「不是。」

《神隱少女》的舞台是參考日本昭和時代的居酒屋，還有新橋車站護欄下面等的風景。湯婆婆經營的豪華溫泉旅館，則是以愛媛縣的道後溫泉爲原型。

其實，在日本已經有很多人知道「九份和《神隱少女》無關」的事實，卻選擇性失憶。日本發行的旅遊書上寫到九份時，也會委婉地用「也被傳爲《神隱少女》的舞台」來迴避眞相，形成另一種「都市傳說」。

不過，就算沒有宮崎駿的光環，九份在國際上已經是享有知名度的觀光地，是很多國外遊客到台灣的必訪景點之一。的確，目前九份作爲觀光地，也面臨到停車場不夠以及動彈不得的人潮等許多問題，亟待解決。可是，當日本朋友說想到九份玩時，我也會跟他們分享好吃的餐廳和好玩的景點。對我而言，尤其在傍晚時分從九份望向基隆海的景色是非常迷人的，令人留下深刻的印象。

總之，「九份是《神隱少女》的舞台」是誰開始說的已經不重要，錯誤的情報就盡量不要再以訛傳訛了。今後，我們日本人應該避免使用「成爲舞台」的說法，或許改爲「與《神隱少女》的世界相似的九份……」比較貼切吧。

日本按摩為何變得比台灣廉價？

日本人來到台灣旅遊，最常見的行程組合莫過於鼎泰豐的小籠包、故宮的翠玉白菜，還有腳底按摩這三項。日本人喜歡在台灣享受全身或是腳底按摩的理由，是因爲台灣按摩師的手藝好，價格又便宜。

在日本，過去按摩的基本行情是一分鐘一百日圓，也就是六十分鐘六千日圓，算是高消費了。反觀台灣的按摩，基本上是六十分鐘台幣一千元，相當於三千五百日圓，也就是花費差不多是日本的一半，卻能夠享受到比日本更舒服的按摩，這是台灣按摩之所以吸引日本人的魅力所在。

但是，最近日本的按摩行情出現價格崩壞，甚至比台灣還要便宜，讓原本佔價格優勢的台灣按摩，也逐漸失去了光環。爲日本掀起這股按摩風潮的，是六十分鐘兩千九百八十日圓按摩店的崛起。

我也常愛按摩，一個禮拜至少要去一、兩趟。我的作家生活離不開電腦，使用電腦的時間一天至少超過八小時，再加上長時間盯著手機螢幕，長期下來深受肩頸和後背僵硬痠痛所苦。

自由媒體人的我，時間較爲彈性，若在安排的會面之間出現空檔時，在東京都心地區遲遲找不到可以休息放鬆的地方。這個時候，如果在按摩店有一個小時可以好好閉目養神、接受按摩的話，肯定能夠紓解疲勞、恢復活力。

但是，價格就是一大問題了。如果按摩一次就要六千日圓，一個月下來的費用也相當大，感覺自己是爲了按摩而努力賺稿費，有點本末倒置了。可是，如果是三千日圓的話，一個月按摩十次也才三萬日圓，比較讓人捨得花錢享受。

二千九百八十日圓的按摩店，大約是從二〇一〇年左右開始出現的，之後逐年快速增加。這是必然的趨勢吧！因爲如果只是六千日圓和五千日圓做比較的話，也許還會猶豫按摩師的手藝、距離、店內氣氛等其他因素。可是，如果直接折半變成三千日圓的話，連考慮都不用考慮了，民眾當然趨之若鶩，而且還會成爲常客。因此，有越來越多的按摩店就跟風降價攬客。現在，反倒是價格超過二千九百八十日圓的按摩店比較稀奇。

長期以來，日本處在通貨緊縮的時代。其中，在我的印象裡，出現所謂的「價格崩壞」的，有麥當勞的漢堡從兩百日圓降價爲一百日圓，吉野家的牛丼從四百日圓降價爲兩百日圓，現在是連按摩價格也砍半了。

過去，二千九百八十日圓按摩店的服務也好，師傅的手藝也好，都馬馬虎虎。可是，最近有很多按摩店都讓人眼睛爲之一亮，看得出非常努力在經營。像是最大型的按摩連鎖店「Rirakuru」，在管理店員或是顧客預約等系統都採用ＩＴ化，日本全國一千五百間店鋪，不管是哪一間都沒有設置店長，店的經營方式是按摩師以個人事業主（不成立公司，個人經營事業）的身分登錄，這就是爲何能夠削減成本的原因之一。甚至，還預約大爆滿，必須推掉三分之一的客人，事業推廣地非常順利。店內的裝潢和衛生也都進行了改善，跟六千日圓的按摩店相差無幾。

另一方面，台灣的按摩價格在這十年幾乎沒什麼改變，基本上是一小時台幣一千元。便宜的話，頂多八百元或七百元，與日本的二千九百八十日圓幾乎是不相上下。但是，我個人還是偏好台灣的按摩，按摩師的手藝好，力道較重也很仔細，只是最近在台灣每次去按摩時，腦海裡都會想到「還是日本便宜啊」。

果然，來台灣享受按摩的日本遊客減少了，那應該與日本的「價格崩壞」有關吧！實際上，在旅遊書上介紹的台灣按摩情報，似乎也沒有比以前多。不過誰知台灣未來是否會有一天也發生價格崩壞，出現很多五百元按摩店呢？

台灣人會喜歡免治馬桶嗎？

「身爲日本人眞好！」其實我非常討厭這樣的說法，尤其最常在泡溫泉的時候聽到日本人這麼說。他們難道不知道世界各地都有溫泉嗎？台灣也有溫泉，甚至羅馬人泡溫泉的歷史比日本人還更加悠久，所以溫泉絕對不是日本人的專利。

還有，吃到美味的壽司時，也會聽到周遭有人以身爲日本人自豪。可是，衆所皆知的是，壽司現在成功進軍海外廣大市場也深受喜愛，堪稱是國際化的食物，在海外也可以吃到相當高級的壽司。當然，據我所知，台灣的壽司是在日本之外的海外最好、最道地的。

然而，我的內心也偶爾閃過「身爲日本人眞好！」的念頭，那就是在日本，幾乎是不管走到哪裡，都可以使用溫水洗淨便座，又稱爲「免治馬桶」的時候。其實，我寫這篇文章時人在韓國，正在騎自行車從釜山前往首爾的途中。在這個期間，不管是哪間飯店，廁所裡都是安裝免治馬桶，每天早上讓人可以很放心。

其實，免治馬桶的歷史並不長。一九八二年，日本知名的衛浴大廠TOTO在推出電視廣告時，請當紅的性感女星戸川純代言，而且一句「屁股也要洗乾淨！（お尻だって洗ってほしい）」的廣告台詞，讓溫水洗淨便座成爲家喻戸曉的衛浴用品。不得不說，以前的CM眞的很厲害，具有改變社會的力量，有辦法請到才華洋溢的創意人來操刀。反觀現在的廣告，或許是出錢的企業沒有太多預算，廣告內容不僅沒什麼進步，反而是倒退了。而且，現在網路的力量很強大，害怕引來負評，所以在表現上缺乏震撼力，眞的非常遺憾。

其實，免治馬桶在日本推出時也不是立刻就被大衆所接受。雖然當時的

ＣＭ造成了話題，但是有不少觀眾打電話向ＴＯＴＯ抗議：「吃飯的時間不想看到跟廁所有關的廣告。」此外，價格並不便宜，而且很多人對於用水柱沖洗屁股的洗淨方法還是有抗拒感；ＴＯＴＯ的幹部裡面也有人不看好這項商品，反對在市場販售。可是商品開發部的員工當場示範，先在手掌心塗上水彩，比較用紙擦拭和用水沖洗的效果哪個比較好，在鍥而不捨的說服下才順利在市場上販賣。

以我自己的觀察來說，日本人是在一九九〇年代中期以後真正接受溫水洗淨便座，商品推出以後已經過十年以上了。大概從那個時候開始，百貨公司或公共機關的廁所等很多地方幾乎都設置免治馬桶。現在，在日本的普及率高達八成左右，價格也在一至兩萬日圓左右，一般家庭也買得起，就像每戶家裡都有一台冰箱一樣，充分融入日本人的日常生活裡。

近年來，中國遊客到日本購買的人氣商品，溫水洗淨便座就是其中之一。在日本也有大幅報導，據說是中國遊客入住日本飯店時，實際使用過後深深爲它著迷。每年有那麼多的台灣人到日本旅行，相信對免治馬桶也不陌生，但目前在台灣普及率的百分比還停留在個位數。因此，以ＴＯＴＯ爲首，有許多製造商紛紛瞄準台灣市場，試圖扭轉台灣人對馬桶的印象，期待帶動新的衛浴文化。

我即將要展開一個月左右的國外出差，其中有些地方應該沒有免治馬桶，我有點擔心。聽說有可以隨身攜帶的簡便溫水洗淨便座，爲了讓這趟旅途也能夠放心享受如廁的時光，我正在認眞地考慮著要不要買。

借鏡日本地方觀光，讓旅客走出台北

日本觀光近年突飛猛進，旅客不只去東京，更往其他的地方城市分散。那台灣呢？除了台北之外，要如何讓不一樣的台灣也被看見？

即便是不喜歡日本首相安倍晉三的人，也必須承認他的確做出了一些成績，其中最引人關注的，就是成功吸引外國觀光客來日本。當然，不能說都是安倍一個人的功勞，但將來日本人回想起日本國際觀光快速發展的歷史，一定會記得東京、大阪的街頭景色一變，百貨公司、藥妝店開始充滿外國人，都是從二〇一二年安倍首相上任開始的現象。

我們先從數字看起吧。二〇一〇年，日本的外國觀光客只有八百萬人，還少於韓國和新加坡。但二〇一七年急速成長為兩千八百萬人，在我寫這篇文章的二〇一九年，應該可以突破三千萬人，超越前面的馬來西亞、香港，在亞洲僅次於中國和泰國。世界經濟論壇二〇一七年公布的全球旅遊競爭力排名，日本更在一百三十六個受評比國家與地區中奪下第四位，僅次於西班牙、法國和德國。

但是在二〇〇〇年以前，日本吸引觀光客的能力還不如香港、澳門、新加坡這樣的小國，以及觀光資源不算豐富的韓國。當時，即便是日本人也自嘲自己是觀光後進國。

為什麼日本會急速成長，成功吸引這麼多觀光客？當然，一方面是因為安倍政府上任後，讓日圓貶值的關係。但後來日圓走勢也告一段落，說明應該不只是這個原因。壽司等和食文化走向世界，可能也有關係。但更重要的是，這五年來，日本地方觀光一口氣活躍了許多。

二〇一〇年前後，東京、大阪、愛知這三大都市，就佔了日本海外觀光客住宿總人次的一半。二〇一五年之後，這個比例降到三分之一左右。不是東京的觀光客減少了，而是到其他地方的觀光客增加了，才讓東京的比例相對下滑。

也就是說，從成田機場或東京國際機場（羽田機場）降落的外國觀光客，不在當地住宿，而是直接前往目的地去了。「脫離東京」化爲現實。外國觀光客認知到日本地方的魅力，而且幅度較以往大幅提升的原因之一，是日本政府透過「Visit Japan」（造訪日本）宣傳活動，向來到日本的外國觀光客推廣日本地方城市的資訊。

同時很重要的，是地方的努力。以前，日本地方政府首長幾乎不會走訪海外。但現在即便是連假，日本知事、市長的行程，都安排了「海外巡迴」。這些首長各自走向台灣、香港、中國、韓國等觀光客的主要來源國，進行推廣。在台灣，也常看到日本各個地方首長來訪的新聞，這是十年前左右開始的現象。

而成果也如實展現。比方說，二〇一六年靜岡縣的外國觀光客人數，就比前年成長二二一・二%，是兩倍以上的高成長率。靜岡縣的強項是地理位置，正好位於世界遺產富士山、東京與大阪中間，即便是坐新幹線直通目的地，靜岡也確實是中途下車的路徑之一。三重縣也很努力，成長率爲二一九・四%。第三名的茨城縣，也有二一三・四%。

總之，應該可以說，日本四十七個都道府縣中，任何一個地方都感受到外國觀光客的成長，順利把整體標準拉高，這就是日本觀光成長的原因。

我認爲這件事突顯出，台灣振興觀光的突破點也應該要從地方開始，因爲台灣的外國觀光客極度集中在台北，跟其他城市的落差很大。雖然我手邊沒有具體數據，但若翻開日本的台灣旅遊書，台北的內容就佔了九成，其他城市的資訊少的可憐。當然，日本人也有責任，然而台灣這邊的行銷不足，可能佔了更大比例。

大約十年前，我就開始在思考怎麼解決這個問題。對日本人來說，比較容易感受到魅力的是台南，所以我就先想拓展台南觀光的策略。那時我和朋友們，包括當時的台南市議員郭國文還有日裔作家一青妙一起討論，計劃透過在日本出版介紹台南的書，提升台南知名度。

當時的市長賴清德接受了我們的提案，一青妙就在台南市政府的協助下，陸續出版了《我的台南》和《台南》兩本書，目前成爲日本人到台南觀光的聖經。現在台南已經是日本人到台灣旅遊的第二選項，而且仍在不斷成長。台南的海外觀光客中，日本人也是最多的。

此外，現在自行車與鐵道的環島，在日本也愈來愈受到關注。因爲環島是觀光客可以走出台北、享受整個台灣的旅遊方法。我們爲了提升環島的知名度，在各地都舉辦許多活動，宣傳環島的各種魅力。好處是可以透過環島體驗台灣的北部、南部、東部，而且留在台灣一週以上，也可以帶來很好的經濟效益。

日本成功吸引外國觀光客的關鍵，在於「強化地方觀光」。成功的原因是，地方政府和觀光業界共同努力，而中央政府也傾力支持。不過在台灣，政黨對立高漲，只要中央和地方的執政黨不同，往往雙方合作就難以暢行無阻。但在這個各國互搶海外觀光客的時代，大家都知道，不能再等閒視之。

觀光過程中，少不了會遭遇到未知情況這類令人興奮的體驗。就像看膩東京、大阪的台灣人，開始轉向北陸、四國、九州等一樣，也有日本觀光客太熟悉台北１０１、故宮、中正紀念堂、小籠包，而想認識不一樣的台灣。

如今，我們已經看見台灣觀光的突破方向，改變的時刻已經到了。現在要全民舉國同心，認真推動台灣地方觀光。

觀光或環保？台灣天燈的功與過

之前，有兩部作品都提到台灣的天燈。一部是漫畫《會長島耕作》第十一集台灣篇。內容描寫當上會長的島耕作到台灣出差，走訪了台灣許多知名景點，同時也思考著關於台灣的未來和今後的台日關係，最後他來到了平溪線的十分車站。

最後一幕是島耕作施放一盞寫上「台日友好」的天燈，看著天燈緩緩升空，爲台灣行畫上完美的句點。到目前爲止，連載超越三十年以上的島耕作系列裡面，曾經訪問過俄羅斯、中國、美國、緬甸、印尼、巴西等世界各國，這次是首度來到台灣，但沒有一篇的結尾是像這樣子帶著柔和友善的眼神看待當地。從島耕作的台灣篇也可以反映出漫畫家弘兼憲史本人非常喜愛台灣。

另一部作品是國片《老大人》。故事是描寫有位曾做過礦工的老人在妻子過世之後，變得冥頑不靈，拒絕兒女的幫助，獨自住在平溪線旁的房子。但是，有一天他看到庭院的樹上掛著天燈，站上椅子，伸手要拿下來時卻不小心跌落撞到地面，腳受了傷，生活無法自理。在那之後，老人的脾氣越來越倔強，把兒子、女兒和孫子的好意統統拒於門外，結局充滿了淡淡的哀傷。

這部電影裡面，一開場就是播報平溪天燈節的新聞，還有孫子買天燈回家放等，天燈是帶來希望與歡樂氣氛的象徵。同時，還有變成垃圾的天燈高掛在路邊和樹枝上，造成當地居民的困擾，彷彿暗示著人生步入老年後的困境。

在台灣，每年元宵節舉辦的平溪天燈節是家喻戶曉的節慶活動，近年來更是在國際上打響知名度，吸引了許多外國遊客共襄盛舉，帶來龐大的經濟效益。但是，每年有幾萬盞、甚至幾十萬盞的天燈飛向天際，墜落後變成了垃圾散布各處，對生態環境的破壞，以及帶給當地居民的負擔，都不計其數。

關於天燈的由來，傳說是諸葛亮用來傳遞訊息的，因此也稱爲「孔明燈」，英文是「sky lantern」。在泰國或中國南部，也有把願望寫在天燈上面，再點燃升空的習慣。有不少日本人到台灣參加過天燈節後，深受感動，回到日本後也在各地推廣天燈活動，想必今後透過天燈的台日交流也會越來越興盛吧。

一面看著寫上願望的天燈冉冉升空，一面想著願望有可能會實現，心情是很愉悅的。即使最後的結果是願望落空了，但是願望飛上天的那一幕令人終生難忘。就像九把刀執導的電影《那些年，我們一起追的女孩》裡面，我非常喜歡柯景騰和沈佳宜兩位主角一起放天燈的那一幕。

老實說，我也在平溪放過天燈。二〇一六年，我到訪平溪線時，在天燈上寫著「再見了！朝日新聞、獨立萬歲」。這裡的獨立不是台灣獨立，而是我在那個時候決心離開報社，成爲獨立作家。之後，願望成眞了，一路走來到現在也都很順遂，也許是託那盞平溪天燈的福，也算是有關天燈的美好回憶。

簡言之，天燈的存續與否正是考驗著如何兼顧環境和觀光的重要課題。如今，中央政府和新北市也召集了專家學者，正在共同商議應變對策。而且，在釀成森林火災等事故，或者是像電影那樣造成老年人受傷之前，當務之急是要找出根本的解決之道。一方面也爲了保存天燈的寶貴傳統文化，盼望台灣社會能夠在環境與觀光之中摸索出平衡點。

誠品在日本瞬間成名的秘密

來自台灣的誠品書店在日本開設的一號店「誠品生活日本橋」開幕了，而且東京日本橋是商業激戰區，附近有知名的大型連鎖書店——丸善淳久堂書店、三省堂書店、八重洲Book Center等，較勁意味濃厚。誠品書店很早就到中國、香港等海外展店，而日本是首次拓展到華文市場之外的據點，是誠品迎來第五十間的重要階段，也是二〇一七年創辦人吳清友（一九五〇—二〇一七年）猝逝前拍板的最後一個誠品。

誠品書店在日本的合作對象是百年連鎖書店有鄰堂。過去，我在報紙的專欄裡，曾經發表過一篇文章「誠品能夠在日本成功嗎」，是擔憂誠品書店與以保守經營聞名的有鄰堂合作，是否能夠發揮出誠品的水準，如今看來似乎是杞人之憂。

在二〇一九年九月二十八日正式開幕的「誠品生活日本橋」，可以充分感受到這就是我們在台灣熟悉的「誠品」，藏書量相當豐富和專業，也設有象徵誠品的可席地看書的空間，與台灣相關的書籍也不在少數。還有「誠品選書」，不只是在台灣，這裡也設置了「日本選書」。希望有朝一日我寫的書也可以受到青睞，被陳列在「日本選書」的架上。

整體氛圍來講，我個人的感受是，比起誠品敦南店，空間的營造上感覺更接近誠品松菸店。除了書店之外，同一樓層還有台日雙方的文創商品，或者是可以品嘗到台灣美食的店鋪林立，要在這裡待上一整天，完全沒有問題。

令人驚訝的是，誠品書店到日本展店，竟然受到日本主要電視台、報紙、雜誌、網路媒體的大肆報導，這樣下來應該有數億日圓，或者是幾十億日圓的廣告效果吧！一夕之間，誠品在日本成爲家喻戶曉的書店。

對日本人而言，誠品書店在日本展店已經超過了海外書店單純到日本插旗做生意的意義，甚至是變成一種社會現象。

理由之一，是因爲每年就有多達兩百萬人次的日本遊客到台灣旅遊，有不少人對誠品書店的存在並不陌生，過去曾二十四小時營業的誠品敦南店成爲不少國外遊客的必訪地點，不只是吸引了大批中國人或韓國人，在日本人之間也相當有名。

還有，日本的誠品書店開幕之所以如此受到矚目，也與日本近年興起的「台灣熱潮」有關。二〇一一年發生的東日本大地震，台灣民衆捐出了兩百億日圓善款，讓日本人感恩在心，並且對台灣產生濃厚興趣。一開始，雖然到台灣旅行的日本人增加了，可是大多是停留在夜市、按摩、九份等一般的旅遊行程。但是隨著常客變多了，幾次到訪台灣之後，對台灣的文創商品或書店感興趣的人也越來越多，就連日本國內的商店，也看得到台灣文具、衣服和雜貨等，還頗受歡迎。日本人眼中的台灣成爲了一種「新潮」的象徵，而誠品書店又是台灣最具有代表性的存在，因此成爲衆所矚目的焦點，似乎是再自然不過的事了。

與台灣相比，日本的書店也有「轉型」較遲的部分。雖然也有像蔦屋書店（TSUTAYA Bookstore）這樣的複合式書店強勢崛起，但是市場上的主流書店依然是以專心賣書的紀伊國屋書店、三省堂書店、八重洲Book Center等居多。但是，即使在日本經營書店一年比一年更加艱困的背景下，誠品書店令人耳目一新的經營模式——都市裡創造出以書店爲中心的文化空間，也受到日本出版界和書店業界很大的矚目。

不過，說不定嚴峻的挑戰還在後頭，年輕一輩的日本人與台灣的年輕人不同，他們對社會議題並不太熱衷，也對座談會或是主題講座等的藝文活動興致缺缺。還有，日本的電子書店——亞馬遜網路書店的威力之大，甚至遠遠超過台灣最大的書店通路商——博客來網站書店。此外，誠品書店在未來面對保守經營的日本出版界時，雙方要建立起良好的合作關係，也必須經歷一段磨合期吧！

自一九九〇年代以來，我就是死忠的誠品迷。不管如何，我相信誠品書店可以克服接踵而至的種種困難，作爲台灣文化的發信基地，在日本扎根下來，並且期待爲日本死氣沉沉的書店文化注入一股新氣象。

人數翻二十倍！日本高中海外教育旅行瘋台灣，他們來學什麼？

日本的學校會舉辦「教育旅行」，這樣的固定活動世界少有，通常是在國中、高中各辦一次。

在我參加教育旅行的一九八〇年代，多半是去京都、奈良參訪古都。年輕人對古都沒什麼興趣，白天看了什麼，我沒印象，但晚上在旅館和同學熬夜「枕頭大戰」卻是快樂的回憶。

最近，教育旅行的地點愈來愈多元，選擇海外旅遊的學校也變多了。把教育旅行拉到海外舉辦的學校裡，公立高中佔了一〇%，私立高中則超過三成。

學校把海外教育旅行變成招募亮點的也不少。美國、澳洲都是熱門選項，但大批學生一起出遊，還是以鄰近國家較爲理想。

其中，我們可以清楚看到的現象是：前往中國、韓國的團數銳減，以台灣爲目的地的團數急速增加。

前往中、韓的教育旅行減少，理由很簡單。除了雙方政府層級的對立，把孩子送到那裡，偶爾還會碰上抗議日本的遊行，讓家長或學校擔心，因此無法成爲理想的校外旅遊景點。

而對日本抱持善意的台灣，則令人安心，較受歡迎。故宮博物院、九份等，都是可以輕易到達的大型熱門景點。美食、夜市等，也是吸引年輕人的要素。

因此，常有素未謀面而貌似老師的人，透過臉書等管道來問我，教育旅行應該帶學生到台灣哪裡看看。找我去演講的請託也常有，最近一次的教育旅行前演講，就是在我從未去過的兵庫縣丹波市。

這裡保有古風的街道，是日本知名栗子、黑豆產地，還有兵庫縣少有的名門學校——柏原高中。

柏原高中二年級的兩百四十位學生，要在（二〇二〇年）十一月中旬到台灣教育旅行。他們以行前準備之名，請我去演講。特別的是，爲了教育旅行，所有學生還預先購買了我的書《台灣十年大變局》。

這本書原先設想的讀者是大學生以上的族群，但從這批學生會前給我的提問來看，演講前就拿到書的他們，幾乎都認眞讀完，對台灣的歷史、政治、國際關係有一定的理解。

兩個小時的演講，話題從台灣美食到政治、兩岸關係一應俱全。

「被視為台灣名產的小籠包，其實不是台灣原有的料理，而是上海菜，但為什麼會變成台灣菜呢？」

「台灣總統府明明是日本人蓋的，為什麼台灣跟韓國不一樣，沒有破壞日本時期的建築，而是延續使用至今？」

「為什麼渡邊直美、蓮舫這些台裔藝人、政治家會在日本成名？」

我從貼近生活的話題中拋出疑問，牽引出背後的大哉問。認眞聽講的他們，眼中散發著光芒，讓演講的我也感到這段時光非常有意義。

我在演講中也特別強調，我們日本人需要思考台灣問題的重要性。

現在，日本的一切都算穩定。「只要交給首相安倍晉三，就不會有什麼問題。」這樣的氣氛正在日本社會蔓延。不管是年金、國債或中國議題，好像什麼都不去想也沒關係。這股「溫水般的空氣」正在擴散。

但在台灣，不管是兩岸關係、身分認同、國家的未來等，都無法輕易找到解答，許多難題都讓台灣民眾議論不絕。

此外，同性婚姻、反核、如何與外國人共處等，這些日本緩步處理的問題，卻在台灣進展快速。

這應該是刺激這些年輕人思考的大好機會，讓他們針對日本沒有而台灣做到的，提出「爲什麼」的疑問。

我認爲，平常對高中生來說，聽兩小時的演講非常困難，但這次的演講他們好像全程精神貫注，甚至還有幾位學生主動舉手發問。

其中一題問到「怎麼在台灣的夜市殺價？」，也讓我笑了出來。

從日本到台灣的海外旅遊人數正大幅增加。二〇〇五年不過二十五所高中，總計兩千多人。二〇一六年卻增加到兩百六十二間學校，共計超過四萬人。

以海外爲目的地的教育旅行裡，近四分之一的參加者到了台灣，是理所當然的首選地，這個數字至今仍在增加。

爲提供協助，在日本幾位學者與日本台灣學會合作之下，也成立「日本台灣教育旅行支援學者連線」（SNET台灣），針對高中和參加旅行的學生，持續舉辦講座。

學生們即將要體驗的台灣之旅，也許會改變他們的人生，讓他們此生都變成台灣的粉絲，支持台日關係往前邁進。或許，說不定也會成為我的忠實讀者。

總而言之，萬事萬物的「初體驗」都很重要。我們對人的看法，某種程度都受到第一印象的影響。我的「台灣初體驗」是一九八八年。

大二的我，參加台灣政府舉辦的國際交流活動，邀請日本年輕人到台灣兩星期，跟台灣的大學生一起走訪各地。歡迎活動上，我還跟當時總統李登輝握手，是很快樂的旅行。此後三十年，我對台灣的好感，至今沒有動搖。

柏原高中舉辦的台灣教育旅行，今年是第八屆。二〇一一年東日本大地震後，隔年就開辦至今。在那之前，他們是到長野滑雪，後來改至台灣旅行獲得好評，未來也會持續辦下去。柏原高中於一八九七年創立，是日本開始統治台灣的兩年後。種種因素，讓該校與台灣結緣。

　　我期待，他們到台灣教育旅行能延續十年、二十年，進而培育出促進台日關係的優秀人才。

台灣人為何不把故宮視為「台灣之光」？

故宮新院長陳其南在剛上任與記者談話時，提到「故宮台灣化」，引發正反兩種聲浪。陳院長還提及我針對故宮寫的書《兩個故宮的離合》，媒體報導中也出現我的名字。

作爲長期研究故宮的作家之一，我想針對「故宮的台灣化」，向讀者傳達我的想法。

二戰之後，戰敗的日本人離去，據說當時台灣人口約六百萬，而一九四九年從中國湧入的外省人數約一百萬到兩百萬之間。這可說是人類歷史上少有的人口大遷徙。台灣的人口組成也因此大幅改變，對台灣社會的巨大衝擊，應該遠超過一八九五年日本開始統治台灣。

「一九四九」給台灣帶來許多厄運，白色恐怖是其中之一。廣義來說，二二八事件也是。只要想像受害者家屬的感受，就可以理解他們將「一九四九」視為災難的心情。而被強拉來台而失根的外省第一代，心裡的苦也肯定很大。

但「一九四九」不只是災難，也有加分之處。從結果來看，就阻止了台灣的共產化。還有很重要的是，為台灣更添多樣性，讓台灣社會除了原來的原住民文化，還有閩南、客家文化，日治時期的日本元素之外，再加上外省文化。

比方說，我們這些外國人喜愛的台灣美食代表，像小籠包、牛肉麵、豆漿燒餅，就是隨外省人而來的飲食文化。「一九四九」前，臭豆腐也不存在。現在，不管多討厭大陸的台灣人，也不會說要把鼎泰豐趕出台灣吧？即便走訪上海，也吃不到像鼎泰豐這麼美味的小籠包了。小籠包在台灣重生，成了台灣之光。

從長遠的歷史來看，我認為故宮也是「一九四九」給台灣帶來最大的禮物之一。

現在，對日本人來說，不管是故宮、鼎泰豐、日月潭，還是原住民的音樂，通通都是很棒的台灣魅力，也是我們尊敬台灣的理由。

故宮爲台灣帶來多少觀光收入？過去三十年，台灣的旅遊書裡篇幅最大的一直是故宮。儘管如此，目前台灣幾乎沒人把故宮視爲「台灣之光」，這對故宮而言並不公平。一直以來，我都主張這是因爲故宮和台灣社會之間的距離，從來沒有大幅縮減的關係。

陳院長和媒體對談時，我並不在場，是事後透過新聞間接得知。但我推測新任院長的意思，應該是順著這樣的脈絡，所以主張故宮的台灣化有其必要性。

我也贊成故宮台灣化，但不是將故宮的文物定義爲台灣風，或在故宮館藏中，急速增加許多台灣的文物。問題是，在台灣生活的二千三百萬人，能不能把故宮視爲台灣之光，這樣一個精神上的問題。

「故宮作爲中華文化的象徵，讓台灣的中華文化透過故宮，傳達給全世界。」這個兩蔣時代宣揚的價值觀，現在已不再必要。故宮也是台灣多元文化魅力的一環，這樣不是很好嗎？

現在台灣人該做的，不是「定位故宮」的言論之爭，因爲已經有一個結論油然而生。故宮館藏，是以清朝留存的中華文化爲中心，若是加上少量的亞洲及台灣文物，也不會一夕之間變成多元的博物館。老實說，爲了故宮來到台灣的龐大海外遊客，大部份期待的就是故宮典藏的中華文物。如果想看台灣或亞洲的文化，可以去故宮南院或其他博物館體驗。

同時，我也贊成故宮和台灣文化、次文化等新因素推動合作交流。博物館不能沒有自尊和水準，但應採取開放態度。博物館也是文化推廣的基地，各種文化平等，不分高低貴賤。

在這個問題上，過去的故宮確實有其問題。有時候我感受到，所謂的「老故宮」眼中帶著傲氣和優越感，認爲「我們肩負中華文化，而台灣社會不夠了解中華文化」。他們應該要理解，這樣的想法和台灣社會的價值觀脫節，讓故宮無法融入台灣社會。把博物館視為愛國的象徵，那個時代在台灣早就結束了。

故宮裡的人總說「那個院長不是中華文化的專家」，藉此批評外部空降而來的新任院長，但這樣的見解有誤。博物館的館長要比任何人都熟悉所有館藏，這是不可能的。館長的理解應該不在深，而是求廣。這個時代，博物館的營運，重要的是經營和宣傳的能力。我們尋找的館長，不是文物研究者，而是兼具管理者和文化人的眼光。

故宮是世界遺產級的觀光資源，內容豐富到一整天也逛不完。這樣的名聲，在日本唯有富士山可以匹敵。台灣的觀光資源裡，也沒有可以和故宮相提並論的吸引力，也就是說，故宮就是台灣的「金雞母」。來台七十年，現在故宮完全屬於台灣，是「落葉生根」的典型案例。

我不是說台灣人就該「愛故宮」，但必須有「珍惜故宮」的心情。全球觀光競爭加劇的此時，故宮為台灣帶來極大的利益，讓台灣的名字光耀世界。

在外國人眼中，故宮就是台灣之光。我認為，台灣人若接受這個事實，就可以拉近故宮和台灣人之間的距離，那就是「故宮台灣化」的一條路。

到底是誰不希望實現這樣的「故宮台灣化」呢？對岸的政權將故宮定位為兩岸的「牽絆」，並經常瞄準故宮相關議題上出現的台灣社會內部分裂，「故宮台灣化」的進展就是他們最不希望看到的景象之一。

鄭問對日本漫畫文化的貢獻

台灣的故宮博物院曾在二〇一八年十一月展開爲期三個月的「鄭問故宮大展」，紀念桃園出生的漫畫家鄭問（本名鄭進文；一九五八—二〇一七年）。當時我聽到這個消息，忍不住大聲拍手叫好，終於有機會一睹這位享譽日本漫畫界的大師眞跡。

在故宮這個藝術殿堂裡舉辦漫畫展，或許也引起了部分保守派的不滿，但是如果實際上看過鄭問的作品，想必也會和我一樣對故宮的英明決斷給予高度肯定吧。故宮和漫畫展的結合，乍聽之下充滿了意外性，可是鄭問的水準已經達到藝術領域的層次，而且是以複雜、難以處理的歷史故事爲題材，用平易近人的風格呈現出來，吸引了無數包含日本人在內的亞洲年輕人，可謂是功不可沒。

鄭問在日本的代表作有《東周英雄傳》（一九九三年）等多部作品，裡面描繪的世界，是在激烈的戰鬥中，為了偉大的理想抱負犧牲生命在所不惜的英雄們，採用日本漫畫界前所未有的畫風，一筆一畫勾勒出剛正勇猛的性格。

自一九九一年起，鄭問在日本的人氣漫畫雜誌《Morning》連載《東周英雄傳》。當時我正對中國史相當感興趣，看到他把活躍於春秋戰國時代的英雄們描繪得栩栩如生，讓我深深著迷。對我而言，把鄭問視為偶像，也像是歷史老師般的存在。即使到現在，還會時常想起漫畫裡一些經典的橋段。例如，透過他的作品《和氏璧》，我認識到兩位英雄——藺相如與廉頗——很讓人感動的故事。

他也對日本的漫畫家產生巨大影響。伴隨著鄭問的出現，大幅提升了日本人對中國歷史漫畫的接受度。在那之前，例如從一九七〇年代到一九八〇年代，有橫山光輝（一九三四—二〇〇四年）以《三國志演義》為底本改編的漫畫《三國志》等，雖然裡面的登場人物都是中國人，卻帶有濃厚的日本氣息，很像是日本版的中國史，為人詬病。然而，在鄭問之後，日本有越來越多的中國歷史漫畫作品開始注重逼真寫實，畫風充滿魄力。像是現在大受歡迎的漫畫《王者天下》，是原泰久以秦始皇為主角的作品，也是繼承這樣的潮流。

在很多層面上，尤其受鄭問影響最深的是《蒼天航路》，作者王欣太以曹操為主角描繪三國時代的名作。這部作品是後來也同樣在《Morning》連載，關於他和鄭問作品的邂逅，他如此回顧道：「那時候我才剛出道，《Morning》編輯部拿《東周英雄傳》第一話的彩色內頁給我看，到現在我還忘不了當時內心受到的衝擊。」

之後，兩個人進而認識，也有越來越頻繁的交流。「如果沒有鄭問前輩的提攜，就沒有現在的我。」王欣太說道。當接到鄭問的訃聞時，他在給鄭問遺屬的信裡寫著：「連同達文西、北齋、畢卡索，鄭問前輩今後也永遠都是我學習作畫的老師。」

鄭問在第二卷的後記裡面，如此寫道：「當一個雕刻師在雕刻一塊木頭，當一個白癡用心的擦拭著石頭，當很多人很專注在做一件事時，總會令我感動。而我也誠心的希望《東周英雄傳》能給您這種感動。」

對我而言，不只鄭問筆下的風雲人物是英雄，他本身就是英雄。我想將上述的這段話送給鄭問，以表敬意。

國際不承認，就不是國家嗎？

在台灣跟薩爾瓦多斷交後，承認台灣是國家的友邦剩下十七個。儘管蔡英文政府試圖阻止斷交的連鎖效應，這已經是蔡英文上任後的第五個斷交國。台灣民眾在選舉時期投給了不接受九二共識的蔡政府，就可以預想到會有今天的局面，不難想像台灣社會瀰漫著「又來了」的嘆息。

非洲曾經形同台灣的外交要塞，但現在只剩史瓦帝尼（原史瓦濟蘭）這種不知身在何方的國家了。南美洲只剩巴拉圭，還有南太平洋島國和加勒比海島國爲主的邦交國了。

我在二〇一八年春天去了帛琉，採訪帛琉總統。當時他透露，願意維持和台灣的外交關係。帛琉是對日、美關係上比較重要的國家，和台灣的外交關係也相對安全。除此之外，接下來其他國家何時何地決定「轉向」都不奇怪。

九〇年代前，台灣的外交盟邦不斷增加。當時，台灣比中國有錢，傳說只要承認台灣，就會收到好幾億、甚至幾十億新台幣的「保證金」。

這樣的資金，也助長了部份當地政府的腐敗。為了維繫關係，台灣不得不持續資金援助，也面臨許多國家厚顏提出無理的要求。可以想像這對台灣的外交工作者來說，是極其辛苦的任務。

薩爾瓦多和台灣斷交的源頭，是否真的是港灣開發計劃的援助問題，尚且沒有定論。但台灣要從道義上來批判薩爾瓦多的斷交，卻非常困難。因為中國的做法，跟過去的台灣是一樣的。任何國家都是為了實現最大利益，選擇最具好處的盟友，這也是政治學上的合理行為。

馬英九執政時期，中國曾顧及台灣而不推廣外交承認，但現在不同了。從中國經濟和援助規模來看，台灣根本不是對手。因此，要把斷交的責任全部強加在蔡英文總統和民進黨身上並不公平。問題是，接連傳出斷交，針對台灣的外交環境，蔡英文政府好像還沒有提出新的價值觀，可以讓台灣社會感受到要適應新的時代。

每次斷交，主政者就用嚴肅的表情，在記者會上表達遺憾，批判中國，強調「台灣不會輸」，就好像一直在看同樣的電影場景一樣，這是不夠的。如果台灣社會因此陷入不安，就可以看出台灣的主政者缺乏清楚說明，未能向國民表達要怎麼理解這個局面。

有沒有正式建交，跟雙邊關係的實質往來是否豐碩，是兩個不同的問題。台灣和日本在一九七二年斷交，此後交流一度陷入低檔。

但近二十年的台日關係，因爲震災後的相互支援，民間交流十分活躍，觀光客互訪人數也持續增加。往來之深，甚至超越一九七二年之前蔣介石執政時期的台日關係。由此可見，即便是「沒有建交的雙邊關係」，也能做大事，不乏希望。

此外，台灣在經濟上參與國際社會的管道並未受阻。若需要國際承認的是小國，幾乎就是面子之爭。面子要顧，但更重要的是讓國民獲得實質利益。台灣加入ＷＴＯ的身分是「關稅區域」，用這個身分積極推動ＦＴＡ（自由貿易協定）就是重要方向。

特別是台日ＦＴＡ（即「台日經濟伙伴協定」，ＥＰＡ），日本展現柔軟姿態，讓蔡英文政府挑戰在剩餘任期內完成，也有其價值所在。當然，台日ＦＴＡ對日本而言，法規上的因應較為困難，台灣也有食品輸入的問題，不是這一、兩年就能實現，但雙方若能為此目標正式開始準備，也是鼓勵台灣國民的好消息。

我在日本的大學授課或各地演講的時候，總會問現場聽眾：「你們認為台灣是國家嗎？」長年來，中國的宣傳效果讓許多日本人開始認為，台灣稱不上是個國家。針對我的疑問，贊成「台灣不是個國家」而舉手的人，通常是全場的三分之一左右。接著，我就會問他們，「那麼，要成為國家，有哪些必要條件？」

國家組成的要件，人民、領土、政府、主權之中，台灣四者兼備。軍隊、獨立發行貨幣、民選推舉領導人，台灣也都具備，只缺乏國際認同，在這個意義上，盟邦確實非常重要。

但國際間的承認，單靠台灣的努力，並無法改變現狀。自從一九七一年退出聯合國後，台灣的外交處境就十分嚴峻，今後想必也是同樣的狀況。但這不表示台灣就不是一個國家，只能說是個「缺少國際承認的國家」罷了。

演講的最後，我總是對聽眾這麼說：「儘管國際承認不足，我們也不能就此認定台灣不是個國家。戰敗後被佔領的日本，也曾得不到國際承認，當時的日本就不是國家嗎？並非如此吧。台灣也是一樣的。」

對於艱苦的外交處境，沒有人因此批評台灣，日本等其他國家，反而懷抱著同情與勉勵。台灣人在等的，不就是蔡英文總統能回應周遭國家的心情，爲台灣人民提出全新視野嗎？我自己就非常期待。

成龍與香港警察，被討厭的理由

之前，代表日本的知名音樂人YOSHIKI因為在社群平台上貼出他與香港影星成龍在台灣共進晚餐的合照，引起大批香港和台灣網友的強烈批判。成龍在香港是不折不扣的親中派代表人物，當他被媒體問及香港警察使用暴力手段驅離反對修訂《逃犯條例》的抗議群眾的相關問題時，他竟表示「不知道是什麼事情」，在「反送中」的支持者當中聲名狼藉。

YOSHIKI也立刻貼文道歉，這次的騷動也暫時落幕了。只是，看到成龍的今日處境，讓人覺得格外諷刺。正是因為由他自導自演的警匪動作片《警察故事》（一九八五年），因而讓香港警察成為揚名國際的代表性人物。這部電影在日本也相當賣座，成龍在日本成為最具知名度的香港人。

在一九七〇年代以前，香港警察的貪污腐敗相當嚴重，在市民之間惡名昭彰。之後，成立廉政公署實施大力改革，對警察形象有顯著的提升。一九八〇年代拍攝的這部電影，由成龍飾演的主角也是拚命爲警察營造正面形象。之後的《無間道》（二〇〇二年）系列等的警察電影更是大受歡迎，雖然警察內部存在著各種矛盾，但是內容描寫著在逆境中不懷憂喪志的警察形象深植人心。

所以，即使是對日本人而言，香港警察也是令人憧憬的對象之一。正因爲如此，在這次香港的抗議行動裡，成龍與香港警察遭受到嚴厲的批判，在日本人看來，心境上確實是五味雜陳。

二〇一四年香港爲了爭取眞普選而爆發的佔領中環運動，當時警方使用催淚彈鎮壓，讓雨傘運動得以受到國際強烈關注，香港警察再度成爲仇視的對象。在二〇一九年的反送中運動中，他們發射的催淚彈總計逾一百五十枚，幾乎是雨傘運動的一倍，甚至也使用橡膠子彈或布袋彈（威力較弱的散彈槍）等，市民對香港警察的負面印象瞬間回到七〇年代以前的最差狀態。針對這種超乎想像的暴力行爲，在香港的社群平台上廣泛流傳著「有中國公安假扮香港警察」的消息，這也是因爲香港人打從心底相信「香港警察不會做出如此過分的事」而出現的反應。

香港警察本來是被稱爲「皇家香港警察」的殖民地警察（香港警察本來是殖民地警察部隊，到後來在一九六九年因「反英抗暴」行動中的英勇表現被賜封「皇家頭銜」，因此有「皇家香港警察」之稱），效忠對象是英國派遣的香港總督以及背後的英國政府。香港人稱警官爲「阿Sir」，是借用英文的敬稱Sir，這也是殖民時期留下來的稱呼。

一九九七年香港回歸後，香港警察成爲香港特別行政區的政府機關之一，可是現在香港警察面臨到一大難題，那就是香港警察該對誰宣誓效忠呢？如果說香港警察的取締比過去更加激烈強勢的話，我認爲是出自背後的忠誠問題。

香港的警察首長（即警務處處長）是由香港特首指名任派的。可是，香港特首不是用民主選舉選出來的，而是親中派佔多數的選舉人來投票決定的。也就是說，香港警察的正統性不是來自香港市民，事實上可以說是操控特首人選的中國政府吧。以這樣的文脈來看，香港警察的存在不過是效忠於中國政府罷了。

而且，香港警察即使對手無寸鐵的抗議民衆施暴，也是得到中國的默許，因爲這和維護中國政府的利益是緊密相連的。相反地，如果是同情市民而有所動搖，可能隨時會成爲親中派的眼中釘，反而對自己不利。如此一來，當然是盡可能地採取利己的行動。

也許是出自這樣的心態，讓香港警察的暴力行爲愈來愈肆無忌憚，這也是不無可能。不管是身處哪個世界，很難同時對不同的「長官」宣誓效忠。在香港，有中國和市民這兩大長官，這一點也是一國兩制在實行上之所以舉足維艱的最大難處。最能夠體會這種煎熬的無疑是香港特首林鄭月娥。成龍似乎已經認清了長官只有一個的事實，比起心理負擔沉重的林鄭月娥，成龍倒是輕鬆許多。

政治懸疑電影《幻術》觀後感

在台灣電影裡罕見的政治懸疑作品《幻術》才剛上映，我正好有機會先睹為快。

老實說，這一、兩年的台灣電影沒有很多令人驚豔的作品，原本沒有抱持太大的期望，想不到劇情竟然出乎意料地有趣，兩個小時一下子就過去了。內容是描述發生於二〇〇四年台灣總統大選前夕的三一九槍擊案，而且劇情展開的「假設前提」是，眞正犯人為害怕民進黨輸掉選舉的某個政治人物，重點之一是背後也有日本人牽涉其中。若是透露太多劇情就會有爆雷之嫌，因此箇中滋味就留給大家慢慢欣賞體會。

以我個人而言，一開始會被這部電影吸引的理由，是因為裡面涉及了不少與日本有關的內容。登場的政治學者中嶋嶺雄（一九三六—二〇一三年），也是李登輝在日本的盟友。在他生前，跑政治新聞的我也曾經多次採訪過他。還有，日本作家伴野朗（一九三六—二〇〇四年）在事件發生前就寫的推理小說《暗殺陳水扁——大衛王的密使》（二〇〇一年；台灣先智），剛好與事件不謀而合，因此成爲解開謎團的一大關鍵。

我和伴野有個共通點，就是原本都是朝日新聞的記者，之後獨立出來成爲作家。雖然他已經過世了，而且兩人素未謀面，但是我視他爲自己的前輩，非常尊敬他（其實在他所有的作品裡面，這部小說並不是很有趣）。對我而言，一部電影裡日本人的戲分那麼重，照理說應該沒有冷場的理由啊。

這部電影的製作團隊付出的努力和勇氣是值得讚賞的。我個人也寫了一本介紹台灣電影的書籍，我認爲台灣電影的魅力在於不斷挑戰具有社會爭議性的題材，日本電影因爲受限於電通或博報堂等大型廣告代理商的巨大影響力，那種「可能被認爲是對誰刻意批評」的電影題材，往往就被敬而遠之。

相反地，台灣電影有很多是處理同性戀、貧富差距、環保、原住民遭受歧視等的社會議題。台灣電影對我們外國人而言，可說是認識台灣的好教材。

但是，除了像《悲情城市》（一九八九年）和《超級大國民》（一九九五年）之外，從正面切入描寫台灣歷史或是政治的電影卻少之又少，我想這也和台灣社會長久以來因為政治立場不同而造成民衆對立與撕裂有關。其實深入了解台灣政治的發展歷程，會發現它非常有趣而且生動，就一位電影迷的觀點來看，敏感的政治議題固然敏感和備受爭議，但是如果拍得好，說不定可以促進彼此和解的可能性。

《幻術》這部電影是以台灣民主化後遭遇到的最大謎團——三一九槍擊案為主軸，在題材設定上可以說相當大膽，而且角色的名字是使用眞名，電影裡試圖要解開眞相。姑且不論這部電影的「假設前提」是否正確，但是對於事件背景至今仍不明朗的情況下，《幻術》提供了一個討論的空間，同時也有助於理解台灣政治在解嚴後的動向，我認為絕對是值得台灣年輕人一看的電影。兩個小時的時間，可以理解到台灣是如何獲得現在的自由和民主。雖然電影暗示三一九事件有背後陰謀，但並沒感覺到特別要傷害李登輝或民進黨的意圖。

同時，也誠摯地盼望這部電影能夠在日本上映。裡面的角色有日本人，而且主角是在日本頗受歡迎的前總統李登輝。他在日本的形象是屬於正人君子，沒有野心的純真政治家。實際上，這部電影裡的他展現了爲了在險惡的政治鬥爭中往上爬，也有不擇手段的冷酷一面吧。有關本省人和外省人的省籍情結也在電影裡多有著墨。

我現在在大學裡有教授台灣政治的課程，如果有日文字幕的話，也想要用來當作上課教材，讓日本學生透過這部電影認識錯綜複雜的台灣政治環境。

日本的
變與不變

「日本社會很平等」的說法，其實已逐漸和現實脫節。
如今企業裁員是家常便飯，找工作也不容易。
日本企業導入實力主義後，薪資差距也逐漸擴大。
中產階級的神話早已告終。

日本超商的二十四小時營業將走入歷史？

便利商店是台日共通的消費社會文化，更是現代民眾生活裡不可或缺的一環。雖然便利商店的發源地是在美國，可是從一九八〇年代起，日本超商發展出自己的特色，而一九九〇年代以後也普及到台灣，甚至展開了許多創新的「台式服務」。

例如，熱銷商品的茶葉蛋就絕對不可能在嚴格要求「無臭」環境的日本販售吧。還有，提供內用的座位區在台灣相當普遍，而日本是直到最近才開始導入。但是在日本幾乎看不到像台灣那樣，有人在座位上睡覺，或是沒有消費卻在店裡免費看完報紙再放回架上之類的情形。若是從社會基礎設施的觀點來看，台灣超商的存在意義遠遠超乎日本。

然而，被視爲生活命脈的便利商店，現在在日本卻面臨了存續危機。日本全國的超商業者陸續向總公司反映人手嚴重不足的問題，因爲找不到人來上大夜班，所以業者本人或是業者的家人不得不幫忙深夜時段的工作，但是負荷過重導致健康亮紅燈的例子頻傳。

面對業者希望能夠停止二十四小時營業的要求，日本超商龍頭的7-ELEVEN社長因爲冷處理而引發加盟業者的強烈反彈，甚至演變爲現任社長被撤換掉的嚴重事態。

本來，7-ELEVEN的營業時間正如其名，前提是從上午七時到晚上十一時，共十六個小時。之後，爲了因應民眾生活型態的多樣化，以及深夜的客源帶來一定的銷售額等因素，二十四小時且全年無休就成爲理所當然的業態。但是，在日本其實很少看到日本人上大夜班，現實情況是依賴打工的外國留學生來勉強維持二十四小時體制。

依我個人的觀察，在東京都心的便利商店裡，上大夜班的外國人比例大概超過七成以上吧。遇到日本人店員時，反而會一時反應不過來，心底冒出問號：「咦，怎麼會是日本人？」這樣的情形連日本人自己也習慣了。遇到外國人店員，也會自動放慢講日文的速度。例如，電子錢包的「edy」和「id」兩種，就連日本人也容易搞混，這個時候，慢慢說就成了一種禮貌和友善，感謝這些支撐日本消費生活的外國人店員。

那麼，就連在廣告裡面也歌頌「always open seven eleven」的台灣又是如何呢？在台灣，本來就不允許留學生打工，因此，基本上在超商工作的幾乎都是年輕人。雖然不是很清楚爲何可以維持二十四小時營業，也許是台灣不像日本那樣面臨嚴重的缺工問題，或者是和基本工資只有二十三K的低薪問題有關，這些就需要更專業的探討了。但是，若談到台日超商的最大差異，就是在櫃檯結帳的外國人店員有多寡的不同吧。

今後，從日本的鄉下地方開始，二十四小時營業的便利商店有可能會越來越少吧。而且，即使是都市裡，根據不同場所，有些加盟店也會停止深夜時段營業。台灣又會是如何呢？作爲密度居世界之冠的便利商店大國，又該如何解決缺工問題和二十四小時營業的問題，將成爲注目的焦點。

美學優先還是勝利優先？一場探究日本人「本質」的世足賽

日本有種思考方式：不問是非成敗，而是以美學優先的前提下，來決定如何應戰。這種思維是從武士道而來：不接受怯弱、狡猾，而是以美學優先，思考如何堂堂正正地應戰。

在二〇一八年由俄羅斯主辦的世足賽中，日本隊出戰對手的姿態，引發許多討論。我想在此針對「美學」和「勝利」這兩個價值觀，回顧日本隊的拚戰過程。

日本隊以一勝一和局的成績，在預賽的第三場出戰波蘭隊。當時日本隊佔了上風，不管是贏或平手，都可以攻進決賽。

但當天，日本隊的打法不夠精采，先是遭到波蘭壓制，快要輸球了。還有個問題是出在於，同時間在另一個球場上對戰的哥倫比亞對塞內加爾。

直到下半場，哥倫比亞對塞內加爾還是0比0。若是雙方就此平手，日本輸給波蘭，哥倫比亞和塞內加爾就雙雙晉級決賽。但到了下半場第七十五分鐘，哥倫比亞就率先拿下一分。

若哥倫比亞以1比0取勝，就成爲小組第一而晉級。第二個，就會是日本或塞內加爾了。兩國拿下的積分、淨勝球數都一樣，但若以黃牌數爲主的公平競賽分數來看，日本則優於塞內加爾，因此晉級決賽。

日本隊總教練西野朗知道哥倫比亞領先後，就指示選手改變戰術，互相傳球而不主動進攻。這是很大的賭注。如果塞內加爾追得同分，那西野教練的戰術就失去意義。結果，塞內加爾沒有得分，日本確定晉級，西野教練賭贏了。

但日本隊的作戰方式，在國內受到強烈批判，那是因爲西野教練捨棄正面對決的美學，更重視求勝的關係。

如開頭所說，日本以美學優先的思考模式根深蒂固。例如以柔道來說，外國人的想法是，只要扳倒對手能得分就好，比起美學，他們更重視勝利，以實質利益爲優先。但日本人卻更看重美學，要透過招式漂亮得勝。

然而我認爲，這樣的「美學優先主義」，不利於日本人在全球的各種戰局中取勝。在這個弱肉強食的世界，潛規則就是即使失敗，到最後也不認錯。但日本人會馬上就道歉，那是因爲日本人的美學，就是爽快認錯。但這樣的思考方式太過天眞，爲了守住自己的利益，就必須盡可能爲自己辯護。

我很贊同西野教練的判斷。我也開始期待，預賽晉級這件事能成爲轉機，讓「求勝」成爲日本的優先考量，並延續下去。既然日本隊的目標是「勝利」，也以晉級決賽爲目標，這樣的思考方式應該也是理所當然。

但比賽隔天，西野教練就向選手們道歉。我想，被道歉的選手們，一定覺得很不可思議。因爲這些選手們支持西野教練做出的決定，他們也覺得教練沒有必要道歉。

對於這件事，我看到的是，西野教練作爲日本人，面臨各界批判時的「動搖」。若他的道歉，是向期待一流比賽而花錢進場觀戰的觀衆們致歉，認爲「讓大家看了一場無聊的比賽」，這樣就說得通了。

後來，在決賽的第一場，日本出戰可能奪冠的比利時。以0比0來回拉鋸直到後半場時，日本連續踢進兩分。這是史上第一次，日本踢進前八強的夢想接近現實。爲了獲勝，只能死守。但西野教練的指揮作戰卻在這裡迷路了。

若是以「勝負」優先的西野戰術，應該會讓全隊死守。但日本卻邊攻邊守，戰術不上不下，結果受到比利時的猛烈反攻，一下就拿回兩分。

最後，日本有了罰球的機會，由王牌選手本田圭佑來踢。他瞄準右邊，但很可惜的是球被門將擋住，成爲角球。本田再踢一次，但球到了門將正前方，球被送到前線快攻，比利時就拿下一分逆轉局勢。日本的晉級之路就此止步。

日本「下流社會」的反面——高級國民真的存在嗎？

想像和絕望是一線之隔。如果人類總想像自己不該去想的光景，未來將只剩下絕望，並不斷陷入黑暗。比方說，若每個人的命運，都是神在我們出生前就已決定好，那麼就沒有人願意付出努力了。因爲再怎麼認眞，未來早已成定局，註定只會落入絕望。因此，世間衆神幾乎都傳達「努力修行，就能得救」的訊息。

假設日本人想像的「高級國民」確實存在，我想或許這才是讓日本人心生絕望的原因。「高級國民」的問題正在日本引起騷動，讓我感到十分沉重。

二〇一九年四月，東京池袋發生了一起悲慘的交通事故。駕駛是一名八十七歲的男性，他闖紅燈之後，車子並未減速，導致一對母子慘死輪下。

此時，他的背景就是爭議的根源。他不但曾任經產省工業技術院院長，還擁有天皇授勳的殊榮。雖然肇事情節重大，但因他年事已高，並未遭到逮捕。這樣的結果，引發日本民衆群起批評：「因爲他是高級國民，才有特別待遇。」

高級國民的定義爲何？其實並不明確，與台灣所說的「權貴」相近。他們身處高位，是平常人再怎麼努力也無法到達的階層；在大企業、政府部門工作，坐享高薪、高額資產，握有國家頒贈勳章等，和一般人天差地遠。

但仔細想想，從很久以前開始，我們身邊就充滿了這樣的人。只是我們以往懷抱敬意，以「偉大的人」稱之，但現在看待他們的眼光卻愈來愈不同。

曾經，日本的貧富差距比社會主義國家更小。身處勞動年齡的日本男性，幾乎都是以「終身雇用制」的上班族身分工作，企業把薪水差距壓到最低，避免產生富裕與貧困的兩種極端世界。

有種看法是，因爲日本人是重視「和」的民族，若貧富差距擴大，就相當於破壞「和氣」，連帶導致日本人無法發揮能力，所以才提倡設計讓收入趨近平等的制度。而這樣的說法很有說服力，故日本人自身也欣然接受——我們的中產階級比例是世界第一，是日本人的驕傲。

然而，日本社會很平等的說法，其實已逐漸和現實脫節。如今企業裁員是家常便飯，找工作也不容易。日本企業導入實力主義後，薪資差距也逐漸擴大。中產階級的神話早已告終。

「高級國民」這個說法是從今年開始流行的，幾年前常見的是「下流」，像是「下流老人」、「下流社會」等。「下流」的話題結束後，接著討論「高級」似乎是自然而然。

此時，日本社會看見這些看似高級國民的人享受特權後，就心懷不滿而發出攻擊。我也許希望自己有一天能成爲高級國民，但時常批判政府的記者，通常無法得到政府頒贈勳章，我想這夢想應該很難實現吧。

之前日本還有一個有趣的現象，就是「老後兩千萬日圓」的議題。日本金融廳公布一份報告指出，退休後，除了年金還要準備兩千萬日圓存款，也就是台幣五百五十萬元左右。此舉引發日本社會群起攻之，因爲前提就是單靠年金制度已無法生活。

這份報告叫做「高齡社會下的資產形成與管理」，又名「老後報告書」，旨在梳理日本人邁入高齡化社會的老年生活。但這樣一份重要的報告卻頻頻引人撻伐，就是因爲內容寫道：「平均來說，沒有工作的高齡夫妻，這樣的家庭生活三十年，必會消耗存款約兩千萬日圓。」

「要花到兩千萬日圓的只有高級國民，不要把民眾當笨蛋」等各種批判四起。即便覺得自己沒有錯，但當時就快要參議員選舉，自民黨也只好擺出低姿態，在事態惡化之前止血，由財務大臣麻生太郎帶著歉意坦言「說明不足」的局面。

這不過是試算結果，且日本民眾已經知道，年金制度未來只會愈來愈薄弱，自己必須做好準備，這已是社會共識。這波非理性的批判，其實正來自貧富差距造成對未來的不安，以及引發對高級國民的嫉妒之心所致。

各世代對於社會貧富差距的感覺大不相同。我的觀察是，對於日本貧富差距的反應，贊成與反對方也如同三明治一般。相對感到不滿、不公平者，集中在未來最可能吃虧的三十歲以下族群。六十歲以上的世代，因為戰後教育強調「平等」的重要，對貧富差距也較沒有好感。客觀來看，他們是最能獲得豐厚年金的一群，也就是「年金勝利組」。但他們自己沒有意識到這點，這也是事實。

「勝利組」感覺遲鈍，「失敗組」心生不滿，類似結構在台灣年金改革問題上也如出一轍。

對此，我們中壯年人口是在七〇到八〇年代間受教育，把「日本人主張平等主義，因此無法在國際社會的競爭中取勝」掛在嘴邊的泡沫世代。我的想法偏向自由進步派，但對於貧富差距的片面批判，老實說也無法苟同。

每當看著父母月領至少三十萬日圓的年金，過著富足的老後生活，再想著自己老後可能只剩十五萬日圓可領，有時不免也會感到悲傷。因此只能鼓勵自己多寫一些稿子，好好存錢。

所謂的「高級國民」裡，除了繼承雙親遺產或因階級複製享受人生者，一定也有透過努力獲得微小成功的人。然而，在這種想像前等待的，依然只有灰暗的絕望。因爲，這不過是日本社會在嫉妒與不滿之中創造出的怪物而已。

被終身雇用制犧牲的一代——日本中年宅男的復仇

發生在二〇一七年七月十八日的京都動畫縱火案，導致三十五位優秀的動畫導演、動畫師犧牲。他們每一位都是日本的資產，也正是這群人才讓動畫產業成為日本的代名詞。

犯案的四十一歲男性，動機不明，當時只知道他一直過著繭居的生活，犯案後曾大喊「他們偷了我的作品」，但他並沒有創作，卻毫無理由地怨恨京都動畫公司。受害者的家屬和朋友們，心中的遺憾難以想像。

社會的病態，事出必有因。現在我們該做的事，就是坦然面對問題。到底為什麼當今日本社會的多起慘案，好像都是由精神狀態失衡的人所犯下，就跟這次的縱火犯一樣？

其實，在京都動畫縱火案發生前，還有一個事件也曾震驚日本社會。這個令人痛心的事件，就是七十六歲的農林水產省前事務次官熊澤英昭，這樣一位官僚體系的精英，殺害了四十四歲繭居在家的兒子。一開始只是兒子抱怨附近的小學很吵，雖然父親擔心他心懷不滿可能生事，但本來也應該不至於演變成父殺子的重大事件才對。

然而在那之前，川崎市發生了一起五十一歲宅男攻擊小學生的殺人事件。熊澤英昭擔心兒子會做出類似犯行，因而決定殺害同樣是繭居在家的兒子，如此動機實在令人痛心。

奇怪的是，三個事件裡的主角，全都是有繭居傾向，年紀介於四十到五十歲之間的中年男子。這是爲什麼呢？

我也是這個世代的一份子，這狀況可能發生在我們之中的任何人身上。雖然我過著和繭居相反的生活，但也聽過一、兩位高中或大學同學變成「宅男」的傳聞，其實並不覺得意外。確實，日本社會一直有中年宅男的問題。我想，日本勞動產業的扭曲，是造成「中年宅男」在當今日本引發社會事件的長遠因素。

仔細想想，日本早在一九九〇到二〇一〇年的「失落二十年」間，進入了「求職冰河期」。在那個時代，只要能有工作就很幸運了。現在，安倍政府得到年輕族群的高支持率，原因之一就是政府引導企業擴大新增就業機會，改善失業率的關係。

日本進入求職冰河期後，想要工作的年輕人找不到工作，就在失業和短期打工之間循環，形成非正規勞動者。

統計顯示，一九九五到二〇一五年間，那二十年的勞動市場裡，從正規勞動者變成非正規勞動者的人數比例，約從整體人數的十%增加到二十%。

另外，日本企業在這段期間堅守中高齡勞動人力，沒有對白領階級進行大規模裁員。日本企業爲了維持長久以來的「終身雇用制度」，封閉年輕人的求職管道，暫時減少人事成本。

求職失敗的他們，被稱爲「失落的一代」。其中也許有些人就此繭居在老家的房間裡，足不出戶，變成「宅男」了。

其實，日本有些針對宅男族群的綿密社會調查。例如，今年日本內閣府公布統計結果顯示，四十到六十四歲繭居在家者竟高達六十一萬人，非常令人驚訝。

這次調查所定義的「繭居在家」，可以分爲「幾乎不出房門」、「只會爲了興趣出門」、「至少半年沒跟家人以外的人溝通」幾類。調查顯示，中高齡宅男的問題，比年輕人更嚴重，令日本社會大感吃驚。

當然，二十、三十多歲沒工作的人，四十歲就很難求職成功。社會學家指出，這份統計結果遠不及實際上的宅男人數。

如此龐大的中年宅男族群，有好幾年或好幾十年活在與社會隔絕的狀態，不難想像有些人就此在精神上逐漸誤入歧途，沉浸在錯誤的思考方式，厭惡社會、膨脹自己，浸泡在妄想之中。會這樣認爲的，應該不是只有我吧。

當我要離開工作了二十四年的主流報社時，很多同事羨慕地說：「雖然我也想辭職，但會找不到其他工作，只好賴在公司，待到六十五歲退休。」我有自己想做的事，所以當時沒有猶豫。但仔細想想，正因爲他們沒有離開公司，很多年輕人因此失去了就業機會。

在報社，職稱都是「記者」，但一年只寫十幾條新聞的老鳥記者多的是。相較於每天產出新聞的菜鳥記者，他們的薪水卻是好幾倍。

對於日本企業整體而言，勞動生產力也是一大問題。有人說，日本經濟衰退的原因之一，就是勞動生產力過低。實際上，可以說是因爲中高齡勞動人口，把生氣蓬勃的年輕人排除在外的關係吧。

現在，日本企業注意到這個問題的嚴重性，終於開始耗費心力減少中高齡雇用人數。可是，無論再怎麼調整早期退休的禮遇制度，中高齡工作者轉職困難的現實，都會讓他們死也不想離開公司。

日本社會失落二十年，守護了中高齡上班族的工作，卻犧牲了年輕人的就業。對於那些當時淪爲犧牲，長年無業直到邁入中年的人來說，這就是對日本社會的復仇。這樣的想法是不是太悲觀了？

即便是宅男，眞的會犯罪傷人的也只是其中一部份。只是，現在發生在日本社會的許多慘案，都是找不到正規工作，想再工作卻苦無機會的人們，內心暗藏積怨不滿的關係。這樣的想法，並非毫無可能。

只要我們一天不正視原因，了解這些被視爲中年宅男的人爲何接連犯案，就無法擬定對策，更可能會再產生第二、第三個京都動畫的慘案也說不定。

NHK女記者加班加到過勞死，修法真的能扭轉日本上班族悲歌嗎？

台灣人對日本人的印象，常見的就是「加班」吧。

加班，日語叫做「殘業」。日本人賣力工作，所以加班是理所當然；不加班的人會被視為工作能力不好，升遷無望。不，在別人眼中，不加班的人還會變成「破壞和諧的傢伙」。因此，日本人確實有這樣的壞習慣，即便沒事做，還是會留在公司加班。

對我這樣一個長期駐守海外的記者來說，每次在國外看到當地人，下班時間一到說聲「辛苦了」，然後就丟下主管離開，我覺得十分羨慕。台灣人也不太喜歡加班。當然，我認識許多出版、媒體業的人都會加班，但那是因爲工作尚未做完，不像日本是以加班爲「常態」。

這樣的日本正在改變，推動「新常態」。那就是透過修改勞動法，規定企業需按規定給付加班費。

在日本加班，也就是工時以外的勞動，必須由勞資雙方達成協議。這是依據日本勞動基準法第三十六條而來，因此又有「三六協定」之稱。日本的工作時間，法定是「每天八小時」、「每週四十小時」，但企業有各種活動，如果不能彈性加班，就無法做生意。三六協定就是由此而生，但缺點是勞資雙方只要簽署協議，就能隨心所欲地加班。四月一日新法實施後，即便勞資簽署協議，加班時數也有上限。

日本人工作過勞，是舉世皆知，工時非常長。我待過的報社，工時更是出了名的長，根本不知道有三六協定這回事；就算知道了，可能也沒什麼意義，因爲全公司充斥著「不知道加班爲何物」的職場文化。

我還在日本當政治記者的時候，每天的作息如下：早上五點起床，洗澡、吃早餐後六點出門。「晨襲」是日本記者的習慣，就是要在政治家、政府官員的家門口埋伏，在他們踏出家門上班時，詢問「昨晚那件事後來怎麼樣了？」、「今天有什麼新動向嗎？」備受矚目的政治家，家門外甚至聚集了十幾位來自各家媒體的記者群，也就是說，我沒有理由不去跟。

早上採訪完到公司，記者們就要報告早上的晨襲結果，決定當天晚報、隔天早報要寫什麼。接著記者們就各自到採訪地點去完成工作目標，傍晚寫完稿，再到政治家或官員家門口，等待他們返家。我們稱之為「夜襲」。因為若白天採訪對象在忙，談話時間只有五到十分鐘，但晚上就可以聊到半小時，有時甚至會請我們到家中，閒聊好幾個鐘頭。

基本上，獨家新聞都是在「夜襲」的時候生出來的。身體狀況不好的時候，即便省略「晨襲」不去，但「夜襲」是每天必須執行的任務，比其他時間的採訪都重要。

「夜襲」之後，我們帶著採訪內容回到公司，等到早報最後截稿，下班已經是凌晨一點。如果兩點回家睡覺，那麼每天就只睡三小時，相當於每天工作十九小時。一個月下來，超時工作至少兩百小時。週末還得時常跟著政治家到各地活動。

現在大家討論的「過勞死」，指的是每月超時工作至少一百小時。連續五、六年，我都過著比過勞死狀態還過勞的生活，身心俱疲。壓力之下的我，酒喝得多，吃得也多，體重超過八十公斤（現在是七十公斤）。

不只朝日新聞如此，所有日本媒體都採取「事實加班制」＊，也就是薪水含加班費，不管加不加班，拿到的薪資都一樣。仔細想想，這很不公平。

幸好，我之後就被派到海外做特派員，可以自己掌握工作時間，所以身體狀況較爲恢復。但若當時的加班生活再多做兩、三年，身體狀況可能就會出大問題。事實上，我有很多同事都爲慢性疾病所苦。

＊類似台灣的責任制。

幾年前，ＮＨＫ一位女記者過勞死，才讓這樣的社會問題浮出檯面。當時，她的加班時數超過兩百小時，大家才開始將心比心；再加上她在家中身亡時，手裡還握著手機，那樣的悲劇讓許多人大受衝擊，引發社會關注。

她的死，促成了三六協定的修法，原則上每月加班時數不得超過四十五小時。該協定也提到，即便是突發狀況，加班時數也不能多於單月一百小時。

跟台灣比起來，日本的加班時數依舊很長。去年，台灣勞基法修法後，每月加班時數最多五十四小時，幾乎是日本的一半左右。日本人的常態，對世界其他國家來說都是非比尋常。

現在，「勞動方式改革」已經是日本的流行語。其中，縮短工時就是衆所矚目的焦點。要改變在日本積習已久的勞動方式裡的缺點，這樣的方向正確無誤。

日本過去把追求成長視爲理所當然，加班時數愈多，愈覺得企業在成長。員工也因爲感受到「工作的意義」，而忍受漫長的工時。有些人認爲，爲了背負工作的責任，就該忘掉薪水，並犧牲自己的時間和家庭來努力。

但現在的日本已邁入低成長時代，即便奮力工作，企業不一定會成長，日本經濟也不一定會成長。既然薪水不變，就不用勉強自己用力加班。我們的思考方式，自然會往這個方向改變。

每年，日本認定過勞死的人約兩百位。沒有什麼工作是比生命更重要的了。

每個月加班到一百小時，這太荒謬了。我期盼有一天，日本「殘業」文化絕滅，不會再有任何一個人因爲「過勞死」而離世。

從房地產思考「剝削」問題

之前在台灣，曾有個廣告的訴求是「想不想成為日本人的『房東』？」似乎引起不小的話題性。仔細想想，現在去日本買個房子租給日本人，確實是一項穩賺不賠的投資。我如果有些資金，也不會在台灣投資，而是選擇在日本置產。並不是因爲日本人很會按時付房租，單純是因爲日本的房地產較便宜，但是房租較貴。

爲了方便，我在台灣租了一間工作室，租金價格很公道。有次，我問了房東房子的售價，著實嚇了一大跳，比我猜想的還要足足多出五倍左右！房子地點位在大安區的文教住宅區，環境不錯，附近也有很多小吃店，離捷運站也近。但是，已經有三十年歷史的單人套房，眞的貴得有點驚人。這個價格已經可以在日本的東京都內，買新建的2DK（兩間房間，有廚房和飯廳）雅房了。

「房租便宜，但房價高」，這種失衡狀態是台灣房地產的特徵。最近，台灣社會在流行「剝削」一詞，尤其是被用在勞資關係，常出現在電視新聞和報紙上。可是，當我在思考究竟是誰剝削了台灣人的這個問題時，背後兇手不正是房租與房價失衡造成的嗎？我注意到大家比較沒有關注房地產和剝削之間的關聯性。

本來，房租的租金是由房地產的收益率來決定的。基本上，收益率指的是租金佔年收入的比率，在日本以四至六％左右為標準。五％的話，是二十年後就能賺回本錢。期間，如果價格往上漲的話，當然就更好了。即使價格沒有變動，但是至少二十年之後房子是屬於自己的，也算是一種儲蓄。

可是，感覺上台灣的收益率好像只有一至二％，要賺回本錢得要花上五十至一百年。如此一來，平均收入只有一般的人，根本就不會想要買房投資。

為什麼台灣是這樣子呢？如果把問題單純化，就是部分擁有豐厚資金的人一窩蜂地以投資目的購買房地產，反過來說，沒有豐厚的資金就無法投資。投資人不重視房租，只會期待房價飆升，然後賺大錢。也就是說，有錢的人越來越有錢，沒錢的人永遠都存不到錢，買不到房子，這個結構正是「剝削」。

在台灣眾所皆知的低薪環境讓許多人叫苦連天，企業的方針是想盡辦法壓低勞工的薪水，也就是所謂的二十二K的問題。另一方面，建案不斷推陳出新，價格連續上漲。雖然說租金比房價相對便宜，可是對收入普通的人來說，可是一點也不便宜。總之，就是企業和財團不把利潤回饋給勞工，而是拚命地投資房地產的關係。

之前，鬧得沸沸揚揚的年輕口譯哥趙怡翔出任駐美代表處的政治組組長一事，他的「空降」和「高薪」被猛烈攻擊，也是因為人民的納稅錢被濫用而造成觀感不佳，引起民眾的被剝削感。但是，實際上想要徹底解決剝削問題的話，那些不把利潤回饋給勞工，一味地炒作房地產的人才是衆矢之的。

但是，這些問題也只能交由台灣人自己去解決了；加上我不是財經專家，沒買過房子，以上分析算是素人的觀察，當作一個參考就好。只是身爲日本人，可以給台灣人的建議是，跨海來日本投資房地產也是一個不錯的長期理財方法。日本土地不會漲很多，也不會跌很多，算是很穩定，能靠房租來回收成本。

如果是中國人到處買房產，說不定會引起日本人的不安，甚至出現反對浪潮。可是，如果是交誼深厚，互相感情良好的台灣人，我們也會很安心，希望一起當鄰居，也做我們的好房東。

日本也要走向「後．悲情城市」

台灣電影《軍中樂園》在日本的東京和大阪上映前，我在幕後協助擔任監修的工作。在宣傳手冊上，有我訪問導演鈕承澤的摘錄內容，以及詳細解說「八三一部隊」作爲金門島慰安設施「軍中樂園」的歷史背景。

關於近十年的台灣電影，我寫過一本書《銀幕上的新台灣》（二〇一五年）進行介紹和分析。還有，台灣電影要在日本上映時，我也經常和電影發行公司合作，例如該如何宣傳才能夠在日本吸引到更多的觀衆等，提供意見和建議。另外，像是探討台灣原住民面臨的土地正義等多項社會議題的電影《太陽的孩子》（二〇一五年），我個人取得非營利版權，在日本各地多達二十幾個地方舉辦放映會。而這些努力也有了回報，在日本終於有電影發行公司正式獲得版權，正式躍上日本的大銀幕。

為何我對台灣電影如此地關注？一言以蔽之，主要是希望讓更多的日本觀眾能夠透過電影認識現在的台灣社會。不是停留在過去的台灣，而是真實呈現在眼前的台灣。

在日本，台灣電影一直以來受到一定的好評。那是因為像侯孝賢、楊德昌、蔡明亮等導演在國際電影大獎上屢屢獲獎，他們的存在大幅提升台灣電影在國際上的能見度，他們的作品被認為是「台灣新電影」，在題材和拍攝手法上也確實相當精湛，長久以來受到觀眾們的喜愛，眞的很不簡單。

但是，當日本的電影院重複上映他們的作品，而且呈現一片盛況，日本觀眾們也紛紛豎起大拇指稱讚時，在我看來，跟歐美人稱讚黑澤明的電影似乎沒什麼兩樣。但總覺得哪裡不太對勁，我很難由衷地對他們的讚美說一聲「謝謝」，原因在於，我覺得那不過是把他們的作品當作經典在消費而已。

像是侯孝賢的《悲情城市》（一九八九年）或楊德昌的《牯嶺街少年殺

人事件》（一九九一年）所傳達的是一九九〇年代以前的台灣，也是過去的台灣，他們的作品並沒有反映出台灣社會這二十年來的變化。可是，電影本身也是一面鏡子，反映出同時代的社會動向，侯孝賢和楊德昌也是爲了讓當時的觀衆認識當下的台灣而拍電影的。所以，我也希望讓更多現代的日本人接觸到現代的台灣電影，是由一群新生代導演努力執導出刻畫當代台灣社會的作品。

的確，近年來有不少台灣電影在日本上映，像是九把刀的《那些年，我們一起追的女孩》或是魏德聖的《賽德克·巴萊》和《KANO》等，票房表現也不錯。可是，就總體而言，台灣電影的票房成績並不理想，遠遠不及日本對韓國電影的接受度。針對台灣電影在國際上的發展，雖然中國市場也很重要，但是對於台灣這個國家而言，台灣電影具有助於提升國際地位和振興台灣的觀光產業等優勢，我誠摯希望台灣的電影界和台灣政府能夠多少認識到這一點。

雖然電影《軍中樂園》描述的是一九七〇年代前後的金門島，但是電影的拍攝手法和歷史處理等，是反映出現代台灣的價值觀。作為一部娛樂作品，以現代人的感性勾勒出一群被時代翻弄的小人物——本省人和外省人的軍人以及特約茶室裡的女侍應生之間的喜怒哀樂，我想對導演鈕承澤的手法表示敬意。希望日本觀衆喜歡這部電影，提升對台灣電影的關心。

我也由衷期待台灣的電影能夠迎來「後・悲情城市」的新時代。

今日香港，明日日本？

位在東京的立教大學，曾舉辦了一場研討會，名為「香港的過去、現在與未來」。許多研究香港的學者，從日本各地而來，會議內容也橫跨香港的政治、經濟、社會、文化、語言、電影等不同領域。

在日本對於香港的研究相當深厚。雖然內容是學術研究，但光是這場研討會的參加者就超過一百人。

大會邀請擔任講者的香港大學呂大樂教授也大吃一驚說道：「沒想到日本人這麼關心香港問題。」

日本人研究香港，有傳統可循。以前，日本人喜歡香港，沈迷香港電影，為港式料理垂涎三尺。老一輩的日本人，曾經有段時間，說起海外旅行，不是去香港就是夏威夷。總之，日本社會對香港很熟悉。

實際上，就我的觀察，港台之間距離極近，雖然文字語言相通，但無論是台灣人研究香港，或香港人研究台灣，深度都不夠。反而，日本人研究香港和台灣，內容則是深度和多樣性兼具。

我知道，這是許多歷史因素導致。講白了，就是過去台灣人和香港人之間，「心的距離」比實際距離更遠。說得更明白，就是香港人對台灣沒興趣，台灣人也對香港沒興趣。

台灣和香港距離拉近的起源，應該不用多說，就是二〇一四年的太陽花運動和雨傘運動。

立教大學的研討會上，我聽到法政大學的福田円教授以「從台灣看香港」爲題，說到「今日香港，是不是明日台灣？還是今日台灣，是明日香港？」內容非常有趣。

「今日香港，明日台灣」是二〇一四年的流行語。從現在的香港看來，台灣一直很擔心，納入中國主權後，會像香港一樣失去民主。同時，台灣也持續表達對一國兩制的失望，和對香港社會的同情。

另一方面，「今日香港，明日台灣」這句話，指的是期待香港能像台灣一樣，靠自己的努力，透過民主管道選擇政權和自治權。因此，香港民主派和本土派就述說著，香港應以台灣爲目標的故事。

客觀來看，現在的香港正值民主危急存亡之秋。一國兩制的「兩制」逐漸弱化，愈來愈多人擔心香港日漸中國化。

而中國對台灣的做法，則是盡可能地做到「今日香港，明日台灣」，描繪出長期願景。

不像台灣、香港，中日之間沒有主權問題，但日本的眼前也有一個鄰國，讓我們心想「不想變成那樣」，那就是韓國。

朝鮮半島與中國接壤，韓國也比日本更容易受到中國影響，經濟上依賴中國的程度也愈來愈高。

部署薩德（THAAD，高空防禦飛彈）的問題，中國對韓國祭出實質經濟制裁。韓國新政府上台後，就將部署薩德的日期延後，一口氣往中國靠攏。

看著韓國在親中和反中立場之間擺盪，日本人也開始想著，不要變成「今日韓國，明日日本」。

現在的日本，面臨很多問題。我絕對不是要說，日本人比韓國人幸福之類的這種話。不過在如何面對中國這個問題上，也許只是因爲現在的日本社會沒有太大的意見分歧，日本才因此受惠。

中國是大國，也是不容輕忽的對象。經濟上來說，十三億人口這樣的大規模市場，我們也希望有許多中國觀光客來訪。

但是，中日的政治體制有著根本上的差異，中國在軍事和領土議題上也是野心勃勃，像過去那樣提倡「中日友好」就能萬事順利的時代已經結束了。

面對中國目不轉睛，敞開大門進行交流，但我們也不能掉以輕心，而是要慎重地保持距離。

大致上，因為日本國內有此共識，所以安倍政權面對中國就能堅定面對，維持一貫性。

日本堅守立場，中國能出手的點就少了，只能和日本建立「大人的關係」。基本上，這個「大人的關係」，也是蔡英文政府的目標吧。

日本有穩定的美日同盟，和日本的經濟實力做後盾。相較之下，日本明顯比台灣具備優勢。

只是，一九七〇年代開始，日本與中華民國（台灣）斷交，再與中國建交，形成「中日友好」時代，直到九〇年代後的「中日對立」時代。我們可以說，現在的日本人可以說是歷經甘苦，才有了現在看待中國的方式。

因此，日本不想成為「今日韓國，明日日本」。再加上，身為日本人，我希望能透過香港問題，映照出自身處境來思考。

無論是「今日香港，明日台灣」還是「今日台灣，明日香港」都有一個共通點，即中國和鄰國及鄰近區域之間，只能一起面對同一個課題。那就是：如何面對這個巨大又正在崛起的威權主義國家。

確實，香港的民主不斷惡化，而國際社會關心的只有中國市場，香港人也感覺眾人對香港的民主冷淡以對。但香港引發的問題，無疑是我們生在二十一世紀的亞洲，每個人都必須思考的課題。

身處國際社會的我們，又是香港的鄰居，必須持續關注香港，留意「今日香港，明日台灣」是否正逐漸化爲現實。

兩個民調落後的人，如何逆轉勝當選日本首相？

現在，用「民調治國」評論台灣的聲浪不絕於耳，每天都可以看到關於民調的新聞。

有誰知道，台灣的選舉民調到底有多少？對於長期觀察台灣政治的我來說，感覺這幾年台灣的選舉民調逐漸增加，對外發表的頻率也日漸升高。

這時候，媒體會以「最新民調」爲題，大肆報導一番。任何政治人物都會因爲民調結果而憂喜參半。很明顯的，民調數字正在塑造台灣政壇的走向。台灣是「民調先進國」，也的確慢慢走向「民調治國」的地步。

本來，日本人看待台灣的民調結果，就有一個先入爲主的觀念，那就是不能輕信台灣的民調結果。具體來說，《聯合報》、ＴＶＢＳ立場親國民黨，就會產生對國民黨候選人有利的結果。反之，若是綠營智庫的調查，就會對民進黨的候選人有利。

每次聽到日本人說出這樣的疑慮，我都會這樣回答：「民調就是科學。只要問題和調查人數的設計得宜，基本上，民調結果就和調查機構的政治傾向無關。」

當然，我也可以想像，很多台灣人會反駁我，事實並非如此。就像有人會說，民進黨支持者若接到偏國民黨的民調，就不會據實以告。但我們在談民調的時候，像我專攻新聞學的人能說出最公正的答案，就是「民調是一門科學」。比方說，我個人就不覺得，ＴＶＢＳ的民調會刻意讓民進黨的候選人支持率較低。

事實上，民調是統計學，也是建構在科學基礎上的一門學問。民調廣泛應用的起源在美國，當時還產生了一場辯論：究竟民調是不是樣本數愈多，結果就愈正確？

一九三六年，當時的美國總統大選是由民主黨的羅斯福和共和黨的蘭登對決。選情緊繃，難以預料誰會當選，也因此受到全美關注。美國深受歡迎的雜誌《文學文摘》（Literary Digest）以當時全美投票人數的二十分之一為樣本數，針對兩百萬人進行民調，結果顯示蘭登會當選，但實際投票結果是羅斯福勝出。

成功預測羅斯福當選的是直到今天依舊知名的民調公司蓋洛普。他們只以三千人為樣本執行民調，但為了避免結果偏頗，他們在全美各地挑選不同世代的選民來做調查。

民調從此邁向實證階段，統計學上的「中心極限定理」也由此而生。意指樣本數再多，但只要超過一定規模，結果的準確性就不會改變。

因此，最近的民調是針對一千人左右的規模，透過電話隨機抽樣調查，結果的誤差率在三％左右。即便是以一萬人為樣本，跟一千人做出來的結果相比，理論上誤差也不會太大。

但若樣本數不滿一千人，誤差率就會升高。所以民調結果公布時，都會寫到「針對多少人進行調查，收到多少份回覆」，一旦回覆的樣本數低於五百人，就可以用懷疑的眼光看待這份民調結果。

我可以理解，為什麼多數人關心民調。畢竟在這樣的群眾社會裡，要知道群眾的意見，最準確的方法就是利用民調。

但我們不能忘記，民調是指向眼前的「現實」，而非指向「未來」。應該很少人會認為，二〇一八年的蔡英文可以贏得二〇二〇年的總統大選。現在發生的事，是當時的民調看不出來的。

蔡英文民調復甦的原因，除了本人的努力以外、香港局勢變化、美中貿易戰、習近平一國兩制演講的失敗等因素，都是一般人絕對難以預測的外部因素。韓國瑜戲劇性的登場，人氣又急速下滑，這些都是民調無法預測的，包括他本人在內。

我認爲，政治家的成敗終究還是靠決心、能力和運氣的三個因素來決定。運氣不是我們做了什麼就能改變。能力也不會馬上就能提升。但決心的部份，自己就能創造很大的改變。有時，堅定的決心也能影響人的運氣和能力。

現在日本政治圈成了一人獨大的局面。首相安倍晉三的任期將在日本政治史上居冠，但二〇一二年的自民黨魁選舉時，初期民調結果顯示，安倍晉三的支持率還不及石破茂、町村信孝、石原伸晃等候選人。他不顧身邊人的反對，堅持參與到底，意外勝選後，才有今天的局面。

安倍首相的師父，前首相小泉純一郎起初參選自民黨魁時，沒有任何派系支持。被視爲炮灰的他，決心「徹底破壞自民黨」的宣言，得到日本民衆的喝采，最後上演大逆轉，當選日本首相。他以高支持率做滿兩任，在位十年，名留青史。兩人都不只是依賴客觀的數字，更靠著絕不退讓的決心，化劣勢為優勢。

局勢跟天氣一樣，總有陰晴變化。容我再度重申，民調無法預知明天的我們，只能看出昨天的我們。媒體總會報導民調結果，但我們也從歷史的教訓中看到，政治家即便依據民調結果行事，也不保證會成功，反而往往誤導自己的前途。我衷心期盼台灣的政治家不要陷入「民調的陷阱」。

單車遊山形，有深度也有溫度

在山形，要如何與單車旅遊做結合？山形的縣民認真思考了這個問題。我在二〇一八年很榮幸受到山形的振興觀光機構之邀，利用周末，來個三天兩夜的小旅行，有機會體驗山形的單車環境。

在日本的都道府縣裡面，山形的人口屬於較少的縣，約一百一十六萬人，可是面積是排名第七，幅員遼闊。因此，山形裡面依然保留著一大片尚未被開發的自然環境，風景優美。與其他土地相比，山形的天空顯得更藍，而且視野寬廣，佇立在這片土地上，心靈也被療癒了。

那次單車的行駛路線主要是在山形市內和近郊地區，經過我的觀察，得出的初步結論是山形真的非常適合單車旅遊。富有挑戰性的登山路線，也有住宅區內坡度適中的丘陵道路，以及平原上被綠油油的農田環繞的鄉間小路，路線的選擇很多元。重要的是車流量不多，開車的人也都很守規矩。

對於單車騎士而言，山形最大的魅力是到處都有小型溫泉分佈著。騎單車騎到累了，可以停下來泡個溫泉，真是人生一大樂事。山形市內的百目鬼溫泉是座落在農田中間的溫泉，散發出鐵鏽硫磺的味道，浸泡其中，全身都溫熱起來。雖然裡面的設備比不上大間的溫泉旅館，但是溫泉的泉質和開放感都不在話下。世界各地都有溫泉，可是日本的溫泉和其他國家比較不同的是，溫泉融入了地域生活，成爲居民作息的一部分。像是由當地居民共同管理維護的百目鬼溫泉，起源是居民結束繁忙的農務後，爲了消除身心疲累而到這裡泡溫泉。

提到山形，台灣人的腦中是浮出什麼樣的印象呢？應該很多人會聯想到櫻桃吧。

之前到訪山形時，正好遇到採收櫻桃的旺季。從山形市內出發，大約騎了一小時左右，即可抵達天童市的王將果園。品種是佐藤錦，據說好吃的櫻桃是要符合「南向的樹、大顆、色澤紅潤」的三要件。而且，果園主人的建議吃法是把剛採收的櫻桃放入有冰塊的礦泉水裡面先冰鎮再食用，才能吃出櫻桃最新鮮美味的滋味。於是我買了櫻桃帶回東京，實際嘗試看看，果然比一般吃法還要美味好幾倍。

山形的代表性河川——最上川的川邊景色風光明媚，自行車道也很完備，可以享受騎乘的樂趣。

綜合上述，山形具有成爲單車旅遊勝地的巨大潛力，只是當地居民還沒注意到自身的魅力，要孕育出單車文化今後還有一大段路要走，感覺才剛起步而已。我很幸運有當地單車騎士的帶領，如果突然說要出門騎單車，還眞的不知道該往哪個方向，該怎麼走。如果能夠規劃出三、四個基本的騎乘路線，就會更完美了。

台灣人會到日本鄉下地方旅遊，追求的是什麼呢？依照個人觀察，就是有不少台灣人對東京或是大阪已經膩了，渴望的是「有深度、有溫度」的觀光。當我騎乘在山形的道路上，強烈感受到這股兼具深度和溫度的氣息。我想不久的將來，山形有潛力成為台灣人到日本觀光的勝地。

山形不只是適合單車旅遊，每年也會舉辦馬拉松。籌備委員會也針對台灣人的參加者提供名額，除參加馬拉松之外，還有包括溫泉和採收水果在內的四天三夜招待行程。熱愛馬拉松的台灣朋友，可以多利用機會好好體驗山形的魅力喔。

日本，原來如此

來到日本的外國人經常會感到困惑：
日本人很親切，可是為什麼在電車上就是不讓座？
其實這是因為不喜歡惹是生非，又在意別人眼光的日本人，
為了不要被誤認為是正義魔人，心裡不斷掙扎，
因此遲遲開不了口，又或者只好睜一隻眼閉一隻眼。

你不知道的志村健傳奇：真名來自德川家康、為了父親立志搞笑……

對於感染新冠病毒而逝世的諧星志村健，總統蔡英文也曾在推特表達哀悼之意，在日本形成一大話題。懷念志村健的留言，也在台灣的臉書及各大討論區「洗版」。當然，日本社會也沉浸在巨大的悲傷之中，電視也不斷播出悼念志村健的節目。

從台日文化史的角度來看，志村健的意義深遠，但其中含意稍有不同。

對台灣人來說，五十、六十多歲的這個年齡層，對志村健的記憶最鮮明。在那個台灣不能播出日本電視節目的一九八〇年代，很多人是靠著租借錄影帶來觀賞志村健的節目。

從八〇到九〇年代，解嚴加上日本文化禁令解除，在台灣民主化這樣的歷史洪流中，志村健的搞笑不僅顯示台灣社會對權力的諷刺，也展現了自由社會下開放的庶民娛樂典範。

志村健從參加「漂流者」到成爲正式團員的歷程，雖然是在一九七〇年代，但他眞正成爲一個主流藝人則是在八〇年代後期。特別是《志村大爆笑》這個節目大受歡迎之後，其中的「怪叔叔」就成了志村健在台灣的代名詞。

當時，台灣很缺乏外來國家的文化，志村健開朗的笑容，也因此和台灣邁向民主化的樂觀氣氛不謀而合。

另一方面，八〇到九〇年代的日本，泡沫經濟下的富士電視台，綜藝節目也進入全盛時期。當時的電視台，培育出北野武、明石家秋刀魚、隧道二人組等至今仍十分活躍的大牌藝人。其中，志村健更是人氣當紅，只要打開電視，幾乎沒有一天看不到他。

這樣的志村健，卻沒有留下任何資料，書寫他的家族史。只有NHK的熱門節目《家族歷史》，曾經在二〇一八年做了志村健的專題。之後在追悼志村健的節目中，也再次播放了當時的內容。

這個節目調查發現，志村健的祖先是在戰國時代的「甲斐國」（現在的山梨縣）發跡。戰國大名之中，德川家康和織田信長的敵人武田信玄，其麾下有「武田四天王」，武將山縣昌景就是其中之一。支持山縣昌景的小隊長之一，就是志村又左衛門這個武將。

武田家敗給織田信長，全軍覆滅之後，志村又左衛門就誓言爲江戶幕府時代拉開序幕的德川家效忠，成爲其中一份子。德川家把他派到現在的八王子（東京西部）附近駐紮，從此志村家就擔任村長等角色，同時務農度日。

志村健的曾祖父，是以修車技巧聞名的木匠，但以車爲主的明治時期來臨，志村健的祖父卻回歸農業。他只有一個兒子，也就是志村健的父親志村憲司。

志村憲司爲了養家，刻苦自學成爲老師。他致力柔道，是十分寡言、很少有笑容的父親。但有一天，志村健看到在家的父親，看著電視上的漫才而大笑，驚訝的志村健感動地發現，「笑這件事眞厲害」，因此決心成爲搞笑藝人。

本名志村康德的他，是以祖先事奉的「德川家康」其中的「康」和「德」爲名。藝名裡的「健」，其實是取自父親「憲司」（日文裡，「憲」音同「健」）。

志村健的搞笑方式，是要讓一般不笑的人，也就是那些心想「有什麼好笑，好無聊」的人，也都會忍不住笑出來的表演藝術。他的搞笑，言詞不多，幾乎都是靠著表情和動作引人發笑。

一般來說，搞笑這件事很難跨越國界。能夠跨越國界引人發笑的，大概只有卓別林和豆豆先生了吧。他們的搞笑是不用靠語言，也能使人歡樂。我們也可以說，正是因爲不靠語言的搞笑，才能讓幽默感、發笑的感覺都跟日本截然不同的台灣和亞洲國家，愛上志村健的表演。

時常被拿來和志村健比較的北野武，搞笑方式則是靠尖銳的言詞和語氣來逗觀衆發笑，對於外國人來說就比較難懂。不過，志村健總是認爲，「一定要讓那些不輕易發笑的人笑出來」。

志村健高中畢業後，懇求當時剛開始竄紅的「漂流者」收他爲徒，以經理兼打雜的名義雇用他。但志村健回想起來，當時薪水很低，只能在心裡不斷提醒自己「等著瞧」。「漂流者」也不忘栽培志村健，收他入團六年後，就給了他第一次上場的機會。

團員之一的荒井注退團，因而選了志村健作爲正式團員。雖然起初那幾年很辛苦，但志村健以志村家族曾落腳過的東京都東村山市（八王子附近）「東村山音頭」這個模仿之作走紅，成爲「漂流者」中最紅的團員。

重新審視志村健的人生，可以發現這段經歷確實是日本戰後的產物。他胸懷大志，吃苦耐勞向目標邁進，最後成功圓夢。現在的日本，沒有這樣勵志出人頭地的故事了，從這個角度來看，我認爲這也是非常幸福的演藝人生。

但很可惜的是，志村健才七十歲，不管是作爲搞笑藝人還是演員，應該都還有體力在演藝圈活躍發展。本來，他還計劃要首次以主角的身分拍攝電影。此外，他看過日本戰後的演藝圈發展史，也針對許多議題對媒體發表評論。我很想讀他的自傳。

志村健在身體出現症狀後三天內就意識不清，接著確診爲新冠病毒感染。雖然不知道志村健的感染源在哪裡，但有人說可能是夜生活的俱樂部或酒吧。東京的這些地方現在經營困難，據說很多老闆對性格豪爽的志村健發出求救訊號，邀請他「來花錢吧」。重視義氣的志村健，可能是到店內消費的時候，不幸染上了病毒。

只要一想到，如果日本政府早一步限制民衆的行動，就可以改變局勢，我就感到無限惆悵。不過，志村健過世也讓對於感染新冠病毒沒有防備心的日本人，開始感受到這個病毒的可怕。這是他留給我們的唯一拯救，但也令人無限惋惜。

新冠病毒會從我們這裡奪走很多東西，志村健的搞笑和經驗就在一瞬間被奪去了。

日本人在電車不讓座的真正理由

我討厭人潮擁擠的電車，所以都盡量避開通勤時間搭乘。

我不是因爲怕被誤認爲「電車痴漢」（色狼），這種情況也不曾發生過，而是因爲經常看到年輕的學生或上班族不讓座給老年人，每次心裡都覺得很不舒服，造成精神壓力越來越大。明明老年人就站在自己的跟前，可是座位上的年輕人仍自顧地滑手機，這是電車裡的日常風景。當我目擊到這種狀況時，一股正義感上身，心裡總是會如此想道：

「我如果跟這位年輕人說：『嘿，請你讓座給這個人』，即使那個時候年輕人站起來說：『好』，可是老年人一定會很客氣地說：『不用不用，我站著就好。』這樣一來，三個人僵在那裡，我的面子也完全掛不住，怪自己多此一舉。如果是年輕人不耐煩地說：『少囉嗦，和你沒關係吧，這個人又什麼都沒講，你是多管閒事？』，這樣又變成在電車裡大小聲，眞是麻煩。」

我就這樣子東想西想，心裡很糾結的時候，電車到了下一站，而老年人也下車了，年輕人還是坐在那裡，而我什麼都沒說出口，話又往肚子裡吞下去。正義之魂才要燃燒而已，就被澆熄了。

如果是我自己有座位，站起來禮讓就好了，事情很簡單。可是，要如何讓別人讓位給需要的人，眞的很費神。我想這樣的煩惱，台灣人一定無法理解吧。

搭乘公共交通運輸工具時，要讓座給老年人或身心障礙者，這是非常理所當然的事。日本人也知道這是正確的行爲，但是日本社會對於讓座與否並沒有什麼約束力。所以，我行我素的年輕人或是疲倦的上班族，在電車上一看到老年人站在眼前，就裝睡或者是埋首在手機螢幕上，擺明就是不讓座。就算知道他們是裝的，但是周圍的人也都不會說什麼，而且老年人也不會主動說：「年輕人，起來讓座給我這個老人家。」

這個地方就和台灣很不一樣。

在台北的捷運裡，除了老年人以外，很少人會去坐博愛座。即使有人坐了，老年人一上車也會主動開口：「這裡是博愛座，請讓一下。」實際上，這樣子眞的很輕鬆，因爲不用爲該不該讓座而煩惱。如果有需要讓坐的人，我也很樂意讓出位子，事情就很簡單了。

來到日本的外國人經常會感到困惑：日本人很親切，可是爲什麼在電車上就是不讓座。那個時候，他們會覺得日本人的親切是不是表面工夫，其實內心是冷酷的人，而因此感到不安。然而，這完全是誤會一場啊。這跟日本人親不親切無關，而是不喜歡惹是生非卻又在意他人眼光的日本人，在電車裡爲了不要被認爲是正義魔人，心裡不斷掙扎，因此遲遲開不了口，只好睜一隻眼閉一隻眼。

在日本，當我們思考要如何解決該不該讓座給老年人的這個問題時，希望有需要的老年人能夠自己鼓起勇氣說：「喂，你沒看到嗎？讓個位子。」建立起這樣的風氣，這一點可能還需要跟台灣多多學習。如果不讓年輕人覺得「老年人也是不好惹的」，他們就永遠都會坐在博愛座，一直滑手機玩遊戲吧。

二十年後，我到七十歲的時候，一定要以身作則！

東京歌舞伎町，竟是台灣人之城

台灣的林森北路，是專門服務日本人的煙花巷。日本企業員工都把林森北路稱之爲「五木大學」，因爲「林」、「森」總共五個「木」。他們有時會開玩笑說，不懂中文的日本人，在林森北路的酒吧裡，跟著小姐從頭學起，回到日本後能說得一口流利的中文，就是從「五木大學畢業」的。

在日本，與林森北路類似的就是歌舞伎町了吧！但歌舞伎町比林森北路大得多，應該說是林森北路加上艋舺，這樣比較好理解。當然，台灣的各位都是日本通，也許我就不用細細說明歌舞伎町的一切了。

歌舞伎町不像林森北路，有「五木大學」這麼活潑的暱稱，人們多半稱之爲「日本第一紅燈區」或是「不夜城」。但對我來說，歌舞伎町是「台灣人之城」。因爲歌舞伎町的成立與發展，台灣人都扮演非常重要的角色。

這是我去霧峰時的事。雖然是爲了看霧峰林家花園的小旅行，我也順道去了附近的「以文圖書館」。以文，就是以「林以文」爲名。衆所周知，他是代表日本的台灣華僑，而這座圖書館是以霧峰望族林以文的捐獻而蓋成的。

林以文的父親遠渡日本，二戰後成爲十分成功的生意人。這座圖書館裡，林以文的史料不是特別多，但卻是台灣唯一看得見林以文生涯足跡的地方。表面上，林以文是成功的在日華僑，但其實他也是「創造歌舞伎町的男人」。

不管在日本還是台灣，都很少人知道這個台灣人對日本的貢獻。正好，挖掘這段歷史的書，最近在日本出版了。稻葉佳子和青池憲司合著的《台灣人的歌舞伎町》這本書，就是採訪了還在世的台灣華僑們所撰寫而成。

我買了這本書之後，因爲很忙就放了半年，最近才拿起來讀，結果看得津津有味，停不下來。

歌舞伎町裡，有名的商業大樓全部都是台灣企業家蓋的。從日本人流最集中的新宿站東口出去，五分鐘就到了歌舞伎町。因爲要蓋劇場「歌舞伎座」，才有了歌舞伎町的名字。同樣地，歌舞伎座以鄰近的「花街大道」爲暱稱，那附近也成了台灣人的聚落。從廉價旅店、茶店、柏青哥店等開始，事業不斷擴張。

這本書也提到，最有名的就是「歌舞伎町的三大華僑」，林以文就是其中之一。

戰後，新宿東口的劇場「紅磨坊」，就是靠著林以文復甦的。台灣人之所以買下歌舞伎町的土地，向其他台灣人發聲，創造台灣人的群聚，林以文的功勞最大。位在歌舞伎町中心的Koma劇場，附近好幾棟大樓都是藉由林以文的手蓋出來的。

在那之後，林以文長期擔任東京華僑總會會長及日本中華聯合總會會長，從政界到財經界都是他的交流範圍。他的友人、前日本首相福田赳夫形容，林以文是身高超過一百八十公分的大塊頭，好像什麼都撼動不了他，「有海一般的包容力，及山一般的重量。」

另外兩位，就是林再旺和李合珠。林再旺在歌舞伎町裡蓋了「風林會館」，裡面有無數風月場所，也曾發生黑道槍擊事件，是歌舞伎町的地標。他和林以文，以及經營中華料理餐廳「東京大飯店」、時任立法委員的李合珠一起，統稱為「歌舞伎町的三大華僑」。

但是，日本社會幾乎沒什麼人知道他們這麼活躍，要找到這方面的紀錄很辛苦，公開資料也很少，這和台灣人在日本向來「低調」的行為模式有關。二戰前，台灣出身就是「二等國民」，戰後則是「外國人」，立場很微妙。此外，戰後旅居日本的台灣人，政治立場又分為親國民黨、親共產黨、獨立派三個分支。彼此之間之所以能保有微妙的平衡，靠的就是盡力保持低調吧。當然，會開設風俗店，也是因為不能和黑道、右翼勢力等日本的地下社會毫無往來。

衡量一切因素後，在歌舞伎町的台灣人幾乎不接受媒體採訪，對於寫書出版自己的故事消極以對，也是合理的行爲。

從一九九〇年代開始，就有大量中國人流入歌舞伎町。以描寫中國黑道抗爭而出名的人氣作家馳星周，其作品《不夜城》就非常暢銷，讓許多人把歌舞伎町跟「中國人一條街」畫上等號，台灣人的存在漸漸被遺忘。但是，現在歌舞伎町的台灣人至少兩千位，許多大樓都握在台灣華僑的手裡。

因此，《台灣人的歌舞伎町》這本書出版後，可以爲台灣人在日本的活躍歷史留下紀錄，意義重大。

其實，不只歌舞伎町，日本的戰後發展，台灣人也扮演重大角色。除了歌舞伎町，演藝圈也有翁倩玉、鄧麗君、歐陽菲菲，都是大衆娛樂中不可或缺的存在。

中華料理的普及，台灣華僑的貢獻也不小。創立東京四川料理餐廳「四川飯店」的陳建民，雖然是中國大陸出身，但戰後曾在台北和高雄擔任過廚師，也有中華民國籍，爲四川料理在日本的普及盡了許多心力。日本人喜歡的大阪551蓬萊肉包，就是嘉義出身的台灣人羅邦強在戰後推出，很快就成了大阪的熱賣商品。

「台灣人與戰後的日本」這個主題，就是日本「另一個戰後史」，描寫戰後日本高度成長的內幕。參與其中的人一一離世，希望包括我在內的日本作者和學者能持續向下挖掘，找出日本各個領域中台灣人活躍的歷史。

抽到「大吉」的籤詩

台灣人很喜歡到廟裡擲筊杯，而日本人則是到神社寺院「抽籤」。日本人大概是在新年的初詣（Hatsumode；新年參拜）時順道抽籤，台灣人在擲筊杯時可能會擲了好幾次，可是我習慣上一年絕對只抽一支籤，而且是在新年這個時候。因此，我每年元旦都非常緊張，令人開心的是今年＊抽到「大吉」，而且，大吉的籤詩裡面還放著可愛的小山豬。今年我就把這個放在錢包裡，保佑健康平安。

爲什麼是山豬？因爲今年的生肖是山豬。但是，在日本過完新年後來到

＊本文撰寫於二〇一九年。

台灣，卻被弄糊塗了。日本各地是迎接「山豬年」的到來而熱鬧滾滾，可是在台灣的街上，則是裝飾了許多以豬爲意象的新年商品。日本山豬和台灣豬的差異，究竟從何而來？

十二生肖的起源可回溯到殷商時代，原本是用來指示方位，因爲很方便，不久後就分別以十二種動物作爲象徵。傳入日本是在西元後的四到五世紀左右的奈良時代。那個時候，日本頻繁派遣「遣隋使」和「遣唐使」到中國，吸收先進的制度和文化。其中，也包括了干支曆法。

一開始的生肖是豬，但是來到日本卻變成了山豬。其理由是當時的日本人不吃豬肉，不存在養豬的習慣，是到了近代，日本才出現養豬業的。

也許大家會以爲日本人喜歡吃豬肉，因爲在衆多拉麵口味裡面，也有深受台灣人喜愛的豚骨拉麵，還有國民美食之一的炸豬排等，豬肉料理不勝枚舉。然而實際上，從奈良時代到江戶時代，超過千年以上的歷史裡面，因爲受到佛教的影響，日本人是不吃豬肉的。因此，作爲家畜飼養的家豬在日本近代前幾乎是看不到的。

但是，日本多山，有許多山豬棲息其中，而家豬是野豬被人類馴化後形成的亞種，就像是兄弟般的關係。所以，日本人就把山豬放入生肖來取代家豬。

對日本人而言，一般對山豬的印象是非常可愛的動物。另一方面，也有把牠視為神祇來信仰的情況。在吉卜力的動畫電影《魔法公主》（一九九七年）裡面，有個角色是年齡達五百歲的山豬神「乙事主」，擁有強大力量，為了守護森林而與邪惡勢力對抗。日本民間故事裡面也經常出現山豬。反觀中國，最有名的豬就是《西遊記》裡的豬八戒了，但他是家豬，而非山豬。

日本人不吃家豬，但是住在山上的日本人則是經常吃山豬，連我也很喜歡野味料理的山豬火鍋。在天然山林中奔跑的山豬，肉質結實有彈性，與日本人喜愛的味噌湯相當對味。日本東北地區和北海道的溫泉旅館，提供給住宿客人的餐點有不少是山豬火鍋，我每次都很期待。日本又稱山豬火鍋為

「牡丹鍋」，把山豬肉切成薄片，在盤子上一片片擺成牡丹花的模樣。在台灣，到原住民居住的地區，也可以品嘗到許多山豬料理，舉凡醃山豬肉、山豬肉香腸、烤山豬肉等，都令人垂涎欲滴。尤其是在鐵板上用炭火燒烤的山豬肉更深得我心，外皮烤得金黃酥脆，口感有嚼勁，相當美味。

順帶一提，與台灣和中國使用不同生肖動物的不是只有日本，在越南的牛年是水牛，俄羅斯的兔年是改用貓，阿拉伯的龍年則變成鱷魚。因爲干支曆法很方便，所以在世界各地傳播開來。但是，與其使用完全陌生的動物，以生活中常見的動物來代替，比較容易理解。

用「千載難逢」來形容是有點誇張，但是在十二年才會輪到一次的山豬年，可以來點不一樣的新年新希望。據說山豬肉有補充活力的功效，所以在新的一年，希望有更多機會到台灣的山上或是日本的溫泉地，能夠大肆品嘗山豬的野味料理，還有期許自己的文筆字字珠（音同「豬」）璣，寫出更棒的文章與台灣讀者們分享。

走進歷史的平成時代

在二〇一九年四月一日，日本宣布了新年號，五月一日便開始正式改變年號。那時，沒有什麼話題比這個更熱門了吧。如果在台灣的話，肯定會吸引大批賭徒參與下注。當時，日本人也熱烈地討論著，究竟會選擇什麼樣的新年號呢？根據預想的調查結果顯示：

第一名：和平，第二名：永和，第三名：安寧

不管是哪一個，都像是在台灣哪裡聽過的地名。如果是永和的話，台灣知名的「永和豆漿」說不定可以趁勢到日本展店呢！

那麼，究竟是由誰來決定年號？可能有大多數的台灣人都認爲是天皇，其實並非如此。天皇並沒有權利爲自己的時代來決定年號。因爲日本的國家

憲法並不承認天皇有實質的政治權力，因此也無權參與年號的命名和決定。

年號的產生一開始是由學者們列出幾個候補年號，這是委託國文學、漢文學、日本史學、東洋史學等不同領域的專家來提交意見。至於他們是什麼樣的人，選了什麼年號，並不會透露詳細情況。

有了候補年號之後，接下來就由日本政府來選擇。也就是說，最終決定的人是現任首相安倍晉三，之後再由官房長官菅義偉來公佈。但是，是採用了哪個專家提議的年號，一般日本民眾並不會知道。

然而「平成」這個年號的誕生過程，其實是很透明的。當時，昭和天皇是因病過世的，所以準備相當倉促。但後來的這次不同，有相當充分的時間可以選擇。

明仁天皇繼位時，有「平成」、「修文」、「正化」這三個候補年號，最後由「平成」雀屏中選。有一說是指因爲當時的竹下登首相喜愛「平成」這個年號。另一方面，依照明治、大正、昭和的順序，英文的頭文字是

MTS，所以接下來的選擇H比較好，因此由「平成」勝出。老實說，「修文」就像是學校的課程名稱（日文的「修文」有做學問和學習藝術之意），給人的感覺很呆板，而「正化」唸起來沒那麼通順。所以，我個人也滿喜歡平成這個年號。

而且，平成的由來也很明確，是來自中國的古籍。《史記》裡面的「五帝本紀」，有「內平外成」一詞，也就是希望國家的內外都能夠和平之意，是非常難能可貴的名字。

若以西元年來說，平成時代就是指從一九八九年到二〇一九年為止的這三十年期間，對日本人而言，也許稱不上是多麼和平的年代吧。雖然沒有發生戰爭，但是天然災害方面，一九九五年的阪神．淡路大地震或二〇一一年的三一一東日本大地震，數萬人罹難，包括福島核災的影響至今也尚未平息。在經濟上，進入平成之後，日本的泡沫經濟崩壞，陷入不景氣，現在也還沒恢復到平成前的經濟繁榮景象。其實，應該也回不去了吧。

在外交上，與中國的關係惡化，因爲中國勢力的崛起與擴充軍事力量，日本也必須正面迎接來自中國的威脅。北韓的綁架日本人事件也不只是讓日本和北韓的關係惡化，和韓國的外交關係在這十年也不斷地走下坡。原本期待與俄羅斯能夠在北方領土問題上達成共識，但至今也懸而未決。

平成年代開始的一九八九年，我在做些什麼呢？當時我還是大學生，正值泡沫經濟的尾端，甚至在大學裡面也感受得到泡沫經濟的奢侈行爲，網球或滑雪等的社團活動也都在搞噱頭，同學間的話題圍繞著吹噓送給女友什麼高級禮物，或是討論有沒有交到男女朋友之類的，籠罩著愛慕虛榮的氛圍，令人生厭。

面對大學裡的這種風氣，我始終感到格格不入，於是到世界各地旅行，甚至選擇出國留學。明仁天皇繼位時，我人究竟是在哪裡，也沒有記得很清楚，應該是趁著學校放寒假時到國外旅行的樣子。只記得出發前還是昭和時代，但是回到日本時已經變成平成了。

大學畢業後，進入報社，平成時代的我幾乎是全心全力投入了記者的工作。所以，工作內容不乏經濟不景氣、地震、災害事故等負面新聞，即使如此，不可否認的是工作本身的樂趣在於把社會發生的不幸消息變成新聞傳遞給大眾讀者，像是針對中日關係惡化之後的詭譎局勢，我也出版了不少著作和文章來探討。

因此，我對平成時代並沒有太大的留戀，但是我非常尊敬和喜愛明仁天皇。能夠在他與皇后的時代一同度過，是件非常幸福的事情。當日本民眾陷入困苦時，總是可以看到兩個人的身影，用溫暖的話語鼓勵大家，甚至親自到受災嚴重的現場探視，也不辭老遠地進行海外訪問。而且，是因爲體力不堪負荷天皇一職而選擇退位。

回顧日本歷史，幾乎沒有天皇像這樣子中途退位的，通常繼位後要一直持續到過世爲止。但是在日本，幾乎沒有日本人批評明仁天皇的決定，這是因爲大家都知道如果沒有明仁天皇的話，平成時代會變得更加黑暗。

所以，平成時代的結束，我並不覺得寂寞，但是對於明仁天皇的退位，就感受到幾分寂寞了。

與其高呼「萬歲」，我更想說：「天皇，請您加油！」

在德仁天皇即位時，日本籠罩在歡慶氛圍之中。除在東京都的皇居廣場舉行「國民祭典」之外，也有即位遊行，湧入大批民眾夾道歡迎。不巧的是，我人剛好在出差，所以只能夠看電視轉播，感受這歷史性的一刻。

當我看到雅子皇后一面聽著偶像團體嵐獻唱的歌曲《Ray of Water》，一面伸手拭淚的畫面，我內心一陣感動。她長期以來飽受憂鬱症所苦，如今終於等到了這一天，身體狀況復原良好，似乎準備好要勝任皇后的角色。身為日本人，我也為新天皇的即位感到由衷的祝福。

但是，看到在如此盛大的慶祝活動上，有上萬民眾齊聲高喊「萬歲」的畫面，實在有點令人不知如何形容。

在由超黨派議員聯盟、工商團體等合辦的民間慶典「國民祭典」上，台下觀眾不斷地高聲歡呼：「天皇陛下萬歲」。即使天皇、皇后兩陛下已經步出會場，至少還聽得到有多達十六次的連呼萬歲。對此，網路上出現了一些批評聲浪，有人留言說：「好恐怖喔」、「有點過度了吧」，但是也有人認為「純粹是表達心情，不應該被批評吧」。老實說，我個人並不覺得恐怖，而是感覺這和天皇夫婦的親民形象有點不搭軋。既然有「三呼萬歲」一詞，就意謂著歡呼三次就很足夠了吧！

在之後舉行的「即位禮正殿之儀」（即登基加冕）上，安倍首相也率領官員高喊了三次萬歲。但是，在結束莊嚴肅靜的登基儀式之後，面對身穿傳統禮服的天皇高呼萬歲，顯得相當突兀，身邊有不少友人也爲這一段感到驚訝不已。至於三呼萬歲對於儀式本身是否有加分效果，可能就見仁見智了吧！

根據《朝日新聞》報導，對天皇高呼萬歲並不是日本的傳統，起源可回溯到一八八九年（明治二十二年）頒布大日本帝國憲法之日。最初是朝向明治天皇搭乘的馬車大喊萬歲，在那之前並沒有對天皇歡呼的語句，只有畢恭畢敬地鞠躬行禮。爲了表達心中的尊崇和敬愛之情，有一群大學教授想出了「萬歲」一詞。

對於「萬歲」，中華文化圈的人一定都耳熟能詳吧！中國的歷代王朝，臣民習慣對高高在上的皇帝尊稱「萬歲、萬歲、萬萬歲」，來表示祝福。即使在朝鮮半島也有「萬歲」的說法，就連台灣在過去也有高呼「中華民國萬歲」的時代。因此，明治時代想出向天皇呼喊萬歲的日本學者，也一定具有漢學的知識背景。

隨著時代變遷，即使帝王制度已經不復存在，但是包括日本在內的東亞各國，萬歲一詞在現代，發展爲對個人、國家領袖或組織、某種理念的讚美或認同，甚至是用於抒發個人心中的喜悅等，出現多種用法。日本也發展出一套現代的使用方法。現代的日本人在高喊萬歲時，會同時搭配高舉雙手的動作。當棒球選手轟出全壘打時，舉起雙手跑壘，播報員會說：「選手高興地比出萬歲的姿勢。」

我還記得和台灣緣分匪淺的王貞治在打出破世界紀錄的全壘打數時高舉雙手的畫面。還有，外野手高舉雙手卻沒接住高飛球，也稱爲「Banzai」。另一方面，日文裡也經常使用萬萬歲，演變成「結果令人非常滿意」的意思。

或許是因爲如此大衆化，萬歲本身已經讓人感覺不到高度尊敬的意思，再怎麼說，人也不可能活到萬歲。上皇夫妻生命所剩的時間也可能是十年或二十年，希望他們卸下繁重公務之後，能夠好好享受生活。

現在是民主自由的社會，而且我也不是天皇的臣子，但是對退位的上皇備感尊敬，也對即位的新天皇保持應有的敬意。天皇是身肩特別任務的日本人之一，天皇對於自己的角色也不能抱怨，非常辛苦，我身爲日本國民，也很感謝天皇的付出。

所以，如果自己眞的要說些什麼的話，比起對天皇高呼萬歲，我會想要說「請您加油」。而且，想要對退位的上皇致上深深一鞠躬，說：「謝謝您，您辛苦了。」

東京奧運將成為殺人奧運？

之前，我喜歡的女演員石田百合子（一九六九年—）在她個人的ＩＧ（Instagram）裡寫道：「東京的夏天就像炙熱難耐的副熱帶氣候，想到東京奧運，從海外遠道而來的各位能否受得了這樣的天氣，我眞的非常擔心。」表明了自己的擔憂，還提及：「因爲我認眞地覺得全體國民應該要好好學習，萬一有人在眼前倒下來時，該如何處理的方法。」這篇貼文獲得了熱烈的迴響，連我也按讚表示認同。

我也深刻認爲，如何克服猛暑將成爲東京奧運的最大難題。東京奧運的舉辦期間是七月二十四日到八月九日*，正好是現在的這段期間。

三十五度、三十五度、三十四度、三十四度、三十五度，這些是東京從二〇一九年八月一日到五日為止的最高氣溫，眞心希望到時候不會出現這樣的數字。如果舉辦奧運時的東京是這樣的氣溫，不管是日本人或外國人，一定會有很多人因為身體不適而送醫吧。光是這一陣子，新聞就報導有十幾人因為嚴重的中暑症狀而死亡，如果東京奧運是在今年舉辦的話，說不定會被稱為「殺人奧運」吧。

其實，一九六四年的東京奧運是在十月舉辦的。十月的天氣不冷不熱，有楓葉可以欣賞，而且正逢「食欲之秋」，可以品嘗到許多美味食物，無疑是日本的最佳觀光季節。那麼，為什麼這次的東京奧運不在十月舉辦呢？每個人的頭上應該都打著大大的問號。我想就連日本人也不希望是在八月舉辦如此盛大的運動賽事吧。

但是，這是來自國際奧林匹克委員會的「命令」，不可違抗。原因在於

＊在此指原訂於二〇二〇年舉辦的日期，因新冠肺炎延後的東京奧運，舉辦日期更新為二〇二一年七月二十三日至八月八日。

夏天期間的重大運動賽事少，也是世界性連續假期集中的季節，可望創下高收視率。如此一來，電視台也會用高價買下轉播權利。因此，不知從什麼時候開始，就形成了「陋習」，把八月作爲理想的舉辦期間。

當然，根據上述的原因，各國運動協會分配到的獎金確實也會增加，並回饋到每位選手身上。此外，舉辦奧運的時段會有時差問題，對觀衆來說，利用夏天休假時收看賽事，不用擔心熬夜影響工作，凌晨或者是半夜都可以放心看電視轉播賽事，這一點還不賴。

然而，老實說，雖然自己也算是半個東京人，可是八月的東京眞的不適合推薦給大家。因爲就我在日本或亞洲各國住過的經驗來說，八月的東京和新加坡或香港等熱帶國家，或是像和台灣這樣的副熱帶國家相比，生活非常難過，一離開有冷氣的地方就覺得自己快要蒸發了。

光是憑氣溫的高低，是無法判斷酷熱程度的痛苦指數。現在使用的「不快指數」就是綜合溫度與濕度換算出來的指數。一旦超過八十五％，就代表是人類無法忍受的酷熱程度。東京輕輕鬆鬆就會超過這個數字了，現在的東京可以說是「世界上最令人感到酷熱難耐的都市」了。

天氣炎熱的時候，東京整座都市就像是洗三溫暖的蒸氣室，周圍充滿了滯留的熱空氣。寫這篇文章時，我人在沖繩的石垣島，雖然氣溫和東京一樣，但是生活感覺舒適許多。從中午左右到下午四點確實很熱，但是這段時間避免外出的話，上午或是傍晚的天氣宜人，感覺得到空氣在流動。相反地，在東京的話，即使到了半夜，一天累積下來的熱氣似乎都還籠罩著，遲遲無法散去。

想必會從台灣來看東京奧運的人也不在少數吧，當然是竭誠歡迎大家一同來共襄盛舉。但是，千萬不要小看東京的八月氣溫，酷熱程度甚至可能壞了旅遊興致，屆時務必要做好周全的避暑和防曬措施。據說，每逢十年會遇到一次「冷夏」，我在內心默默祈禱，在東京奧運會舉辦時能有個涼爽舒適的夏天。

同業犯錯，你該順勢踩他一腳，還是……？

我曾在電影院看了《郵報：密戰》，這是史蒂芬史匹柏執導，以硬派新聞爲主題的美國電影。背景是一九七一年，一份機密文件顯示美國政府在駐軍越南時對民眾說謊，此事震撼美國。

電影主角是《華盛頓郵報》的發行人凱瑟琳葛蘭姆，由優秀的一線女星梅莉史翠普飾演。《華盛頓郵報》的編輯部準備揭露這份機密文件，但經營層正準備讓報社股票上市，便強烈說服編輯部把報導壓下來。直到最後，凱瑟琳葛蘭姆下令：「好！來報導吧！」這份機密文件才得以問世。

這部電影的看點是，企業的價值判斷超越短期的得失，以及媒體自問應有的存在價值。

電影確實拍得不錯，但令我感慨的是，那是媒體的光輝盛世。美國是一九七〇年代，而我在日本感受到的是八〇年代。在台灣，伴隨著民主化而實現的新聞自由，應該是九〇年代沒錯吧。

那時候，在每個國家，媒體穩定運作，經濟不斷成長，就會受到讀者信賴，媒體也能挑戰權力。但是，現在的媒體能像當時的《華盛頓郵報》保有新聞的風骨嗎？老實說，我實在樂觀不起來。

比方說，日本首相安倍晉三在位的這段期間，對日本媒體來說是很大的考驗。因爲安倍政府把媒體分爲盟友和敵人，篩選之後，不惜一切把獨家新聞交給盟友，對於敵方則是不斷施加壓力和找碴。

這個前所未有的媒體策略，把向來團結的日本媒體，分裂爲反安倍和親安倍兩大陣營。現況是，《產經新聞》、《讀賣新聞》親安倍，《朝日新聞》、《每日新聞》則是反安倍。

事實上，二〇〇〇年之前，雖然日本媒體有左派、右派的差異，但少有媒體相互批判。現在，媒體間互批爲的都是生活大小事。最大的動機，就是要找機會打擊對手的發行量。只是長期來說，不管哪個媒體的發行量都在減少，想盡辦法搶奪這個小市場，結果就是一場悲劇。

二〇一四年，《朝日新聞》的慰安婦問題發生嚴重誤報時，帶頭批判的就是對手《讀賣新聞》。之後兩年，《朝日新聞》發行量確實從七百萬掉到六百萬份，但《讀賣新聞》也從九百萬降到八百萬份。總而言之，現在報紙的讀者，一旦離開就回不來了。

台灣媒體，特別是報紙和電視，也是分爲藍綠陣營。媒體有自己的意見不一定是壞事，但有時似乎特定立場太過強烈，超出了媒體應有的限度。媒體的規則是：評論謹愼，報導積極。評論力道過強，也許會讓某些小部份的讀者開心，但長遠來看，不是會失去廣大的讀者支持嗎？

電影《郵報：密戰》裡的高潮，在於美國尼克森政權開始反彈，而面對《華盛頓郵報》、《紐約時報》等揭露機密文件而引發媒體危機，美國其他媒體也起身對抗。那個場景令人感動。

然而現在社交媒體崛起，政治對立漸深，被分裂的媒體之間也愈來愈難取得共識。無論在美國、日本，還是台灣，也許都看不到衆家媒體合力反抗的那天了。

但太過悲觀也不行。媒體也是企業，而新聞其實是許多個人進行「報導」的總和。

說到底，記者和權力之間存在對立關係。記者服務的不是權力，而是讀者。只要政治服務人民的方式無誤，記者和政治之間就不存在對立關係。但若政治濫用權力使民衆受苦，記者就必須站在民衆那邊。即便是平時親近的友人，也必須切斷友誼來進行報導。

以前，我在主流報社服務的第十年，剛好負責日本國稅局要做企業逃漏稅的新聞。那是一個老牌食品公司，社長和我的關係較爲親近。

當我告訴他，我要寫這篇報導時，他拜託我：「能不能把這篇報導壓下來？」我二話不說地回答：「不行，明天早報就會出來了。」他重複說了好幾次：「作爲朋友，拜託你幫幫忙。」

但是我跟他說：「企業是爲了提高企業獲利而努力的，我也是爲了傳達有價值的新聞，而努力進行報導。如果社長的行爲違反企業利益，就會受到懲罰。我也一樣，一旦放棄報導就不是記者了。」

之後，我和那位社長之間的友誼就結束了。不管是什麼樣的記者，都會有過一兩次類似的經驗。重要的是，不能忘記工作上的優先順序。即便是平常不用思考的事，面對重大問題，每位記者都必須做出最終選擇。這就是我從《郵報：密戰》這部電影中學到的事。

美國五角大廈的機密文件，已經是將近半個世紀以前的事了。媒體服務的是人民。我們要堅守這個原則報導寫稿，才能在半世紀之後還贏得衆人尊敬。我個人也會將這點銘記在心。

為你而寫，最重要的故事

雖然說，文章就是爲了未定的多數讀者而寫，但對作家而言，也會特別想讓某個人來讀，邊想著他，邊寫下這個作品。

去年底，我拿到了朋友推薦的《獻給愛妻的一七七八篇故事》，在台灣也以此書名翻譯出版。

小說家眉村卓，爲了被醫生宣告只剩一年生命的癌末妻子，每天寫下一個短篇小說給她讀。書裡寫的，就是作家自己描述其中幾個故事的執筆過程。

一九三四年出生的眉村卓，發表過許多小說，其中又以短篇小說最爲出名。這次他決定，只爲一位讀者而寫。

每天至少三張稿紙（一張四百字），一個故事，一個也不少，至少寫到商業雜誌可以刊出的程度。他不寫悲傷或殘酷的故事，而是盡量讓讀者看完後會振作精神的內容。

本來應該只有一年三百六十五個故事，卻延長到一七七八個作品，妻子的生命也超乎預期，延長到將近五年。二〇〇二年五月二十八日，他與妻子永別，眉村卓也在那天寫下「最終回」。

容我說個自己的故事。

二〇一七年，七十八歲的父親過世了。引導我走上記者之路的，就是父親。

雖然台灣很少人知道，但一九九〇年左右，日本最大的超市叫做大榮（Daiei），家父就在大榮擔任公關。當時常有記者打電話來，或是到家裡來採訪。

我大學選擇念新聞，正是因爲從小就近距離接觸記者的關係。進大學之後，父親和記者吃飯，也常找我同行，讓我有機會第一線聽到記者談話。

當我考進《朝日新聞》時，最開心的也是父親。當時是一九九二年，沒有人會懷疑新聞業的未來。《朝日》發行量多達九百萬份（現在只有三分之二，六百萬份），入社考試也是幾千人搶一個名額（現在是數百人取一），可說是日本最難考的企業之一。

大學時代，我一直在海外流浪，沒有認眞念大學，最後卻能奇蹟似地通過考試，應該是拜泡沫經濟時期的大規模徵才所賜（當時是應徵一百二十人，現在則只有三十人）。

我記得收到錄取通知的那天晚上，平時幾乎不喝酒的父親，卻開心地喝著啤酒跟我乾杯。

日本的記者，幾乎不會在報導中署名，只有海外特派員可以署名。我成爲台北特派員後，父親幾乎每天把有我署名的報導剪下來，開心地閱讀。那些剪報資料，也成爲他的遺物。在電腦資料庫的時代，剪報沒有什麼用處，但對我來說卻證明了，父親是我獨一無二的讀者。

二〇一五年，醫生宣告父親得了胰臟癌，醫生說他的生命只剩不到三年，而病況卻比想像中的嚴重。二〇一六年春天，我離開《朝日》、成爲自由作家的時候，父親的抗癌療程效果不彰，身體狀況愈來愈差。

我離開《朝日》的那個月，出版了《台灣十年大變局》。我耗費十年人生所做成的台灣研究，都集結在這本書中，所以我邊寫邊想著，好想讓父親來讀。

書一出版，我第一個便把書寄給病床上的父親，但母親說他已經連讀書的力氣都沒有了。書出版後不到兩個月，父親就過世，寄給他的書也一起火化了。看著火葬場的煙裊裊而上，我祈求「他能在天國慢慢閱讀」。

因此，除了最終回以外，眉村卓念給妻子聽的一七七七個作品，都讓我心生羨慕。眉村卓決定每天寫小說，當時的他是這麼想，讓我非常有共鳴：

「我想了一下，有什麼我能做的事呢？我想到的是，每天寫下短篇故事，念給妻子聽。有人說，文章的力量能撼動神明，我當然不相信自己寫的東西具有那樣的力量。只是我聽說，如果癌症患者能開朗度日，經常開懷大笑，身體的免疫力也會增加。」

沒錯，說到底，作家就是只會書寫的人。

寫文章這件事，看起來似乎很孤獨。的確，一個人面對書桌獨語，奮力將思考化爲文字，確實是孤獨的過程，但寫的人幾乎不會感到孤獨。

因爲有讀者，才讓我們不孤單。沒有讀者的文章，就像深夜的日記一樣，不過是吐露自己的情感罷了。有了讀者，文章也感受到他人的眼光，就此孕育出普世價値。

我認爲，台灣讀者的好處，就是願意面對面、毫不保留地向我提問。我在台灣的新書發表會上演講時，現場有人曾提出稍微哲學性的問題：「野島先生爲什麼寫文章呢？」當時我沒想太多，直覺性地回答說，「因爲有人願意讀我的文章。」

現在回想起來，這個答案還不錯。因為如果我發現，沒有人需要野島剛這個人的文章，我就只能封筆了。所以我們這些作家，就是用盡生命，努力書寫。反過來說，對作家而言，讀者也是絕對必要的存在。

在公共空間發表文章的效果，作者無法直接看到，但文章具有力量，可以影響許多人的人生和思考方式。

眉村卓的書再次讓我知道，作家和讀者之間的關係意義深長。作家這個職業，如果想要幫助別人，我們只能下筆成文。

在我期盼能把文章送到世界某個角落的讀者眼前的同時，也會持續書寫。

製造普悠瑪的是什麼樣的公司？

因爲我不是鐵路迷，對於「日本車輛製造」這間公司其實沒什麼印象，只是公司名稱聽起來有點古老，不像是現代企業的命名。於是，好奇地上網查詢後，才知道是創立於明治時代的一八九六年，至今已經超過一百年以上的歷史了，眞是令人驚訝。在日本的鐵路設備製造商裡面，日本車輛製造可以說是歷史最久的名門企業之一。很有趣的是，這樣的公司向台灣輸出了最新型的高速列車「普悠瑪號」的車廂。

到了戰後，日本車輛製造也提供車廂給日本的舊國鐵或私鐵（民營鐵路），並沒有被併入三菱、川崎重工、日立等財團型的主要製造商之下，是屬於獨立的經營個體。這次輸出台灣的傾斜式列車或是日本新幹線的車廂等，以高度的車廂製造技術爲武器，持續經營到現在，而沒有被時代淘汰生存下來。

但是，不管是哪裡的鐵路設備製造商都一樣，因爲中國等新興國家對大型建設的需求增加，原物料不斷上漲導致收益惡化。另一方面，想要積極投入廢棄物處理設備等新興事業，卻又慘遭滑鐵盧。在二〇〇七年的時間點，公司的財務狀況呈現嚴重的赤字。隔年的二〇〇八年，被同樣總公司位於愛知縣的ＪＲ東海以五〇・一％股權收購，成爲子公司。現在也參與了ＪＲ東海推進的直線電動機運轉列車（linear motor car）開發，既是頂著百年企業的老字號光環，又是走在最先端的鐵路車廂製造商。

經過調查後的另一個發現，就是日本車輛製造不只是向台鐵輸出普悠瑪號，還包括普通的列車車廂，以及台灣高鐵的車廂製造，可以說是和台灣關係相當密切的日本企業。

遍布在日本全國各地的列車網絡趨於飽和，日本的鐵路市場呈現逐漸縮小的傾向，要拿到新的大訂單其實不太可能。因此，日本車輛製造也積極向海外輸出鐵路設備。就這一點看來，台灣市場無疑是重要據點之一。

不過，日本車輛製造在拓展海外市場上並不是那麼順利。二〇一七年，原本在美國接下了新型鐵路車廂的開發和製造，可是因爲技術上的理由被迫中斷，必須向美方支付大約三百七十億日幣的鉅款來解決。

所以，二〇一八年十一月十二日在台灣發生的宜蘭普悠瑪列車出軌事故，對日本車輛製造來說是一場雪上加霜的事情，不難想像日本車輛製造想要避免被追究相關責任。

事故發生的一個禮拜後，在十月二十六日召開的期中決算會議上，五十嵐一弘社長發表了財報，對於相隔四年收益出現黑字，他自信滿滿地說道：「我對車廂的設計、製造有信心，也會協助台灣方面的調查，持續收集情報。」

然而話剛講完，才過五天的十一月一日就發現設計有問題，社長的致辭變成「芭樂票」了。公司承認普悠瑪號列車設計有疏失，「列車自動防護系統」（ＡＴＰ）自動傳輸裝置因此給行控中心的配線沒有連接，造成ＡＴＰ無法自動回傳。

難道當初社長是在不知情的狀況下致辭，公司卻又在五天後承認有疏失？這樣的轉變，我個人覺得很不自然。所以，我直接向該公司確認事實關係。

他們解釋，社長在記者會當天還不知情，過了三天在內部調查才發現設計上有疏失，後來開始和台鐵積極聯繫，努力爭取解決的方案。

可是，這種缺失竟然會發生在立足國際的一流製造商身上，簡直令人不敢置信。還有，有關這次事故肇因的ＡＴＰ問題，還有許多疑點需要釐清，包括，台鐵在交貨檢驗和定期維修時，爲何沒發現ＡＴＰ性能有問題？

也許ＡＴＰ的故障不是事故發生的直接原因，只是一個遠因。但是本來ＡＴＰ是作爲保護乘客生命安全的最後一道防線，希望台灣鐵路和日本車輛製造都要徹底查明問題所在，讓事情水落石出，避免悲劇的再次發生。

氣候異常與電影《天氣之子》

二〇一九年是日本電影大放異彩的一年，多部優質電影接連上檔，票房成績也都有一定的水準以上。其中，我個人特別感興趣的是導演新海誠的新作《天氣之子》。

之前去電影院看了這部叫好又叫座的動畫電影，這是新海誠繼在台灣也相當賣座的《你的名字》（二〇一六年）之後，睽違三年所推出的作品，上映才短短一個月，累積票房就突破了一百億日圓，在日本也引起熱烈討論。

如果說《你的名字》是描述以東日本大地震爲代表的天然災害，那麼這部電影的主題無疑就是對氣候異常發出警訊吧。

近二十年來，我們幾乎每天都在談論氣候變得很奇怪，夏天的酷熱程度就不用講了，世界各地的降雨情況也超乎想像，突然間，就降下幾十年難得一見的罕見驚人雨量，就連日本也頻繁發生「異常豪大雨」的災害，每年好像都會看到某個地區或是某座村莊被水淹沒的新聞。在寫這篇稿子的同時，氣象報導就說有兩個颱風可能同時侵襲台灣和日本，最近的天氣眞的太過詭異了。

《天氣之子》的背景是設定包含東京在內的關東地區一帶，一直是雨天。女主角是擁有讓天空放晴的「晴天女」，她因爲母親過世的契機，獲得了讓雨停止的超能力。她與另一名主角——離家出走的少年，一起透過天氣爲人類帶來幸福，但是她付出的代價卻是身體出現嚴重的影響……。

爲了避免透露太多劇情，所以電影的介紹就此打住。看完這部電影，我最深的感慨是，我們人類現在以爲理所當然的自然環境，其實並不是永恆的。就像有不少太平洋島國，因爲全球暖化導致海平面不斷上升，面臨到領土減少的問題，這樣的報導也時有所聞。還有，南極或北極的融冰危機也一直是眾所關注的國際議題。沒有發生在自己身上，並不代表它不存在，只是步步逼近而已。

東京過去是濕地，是透過圍海造田發展起來的，也是江戶時代德川幕府的重鎮，直到今日蛻變成世界上屈指可數的繁榮都市。另一方面，東京也經常受水災所苦，甚至有氣象專家預言，在不久的將來東京會被淹沒。

不管如何，我們對於氣候變遷的問題，總是事不關己，或是認為那是很久以後的事情，缺乏危機意識。然而，那一天如果真的到來了，我們要如何面對？這部電影是提供給觀眾深入思考的最佳題材。

當然，內容並不艱深，與先前的《你的名字》同樣是娛樂性質的作品。今後，日本的動畫界將是導演新海誠的天下吧。伴隨著宮崎駿和高畑勳的退場，這也預告著吉卜力工作室的輝煌時代即將走入歷史。繼《你的名字》之後，時隔三年就有如此強勢的作品問世，想必導演新海誠的氣勢在往後十年也銳不可當吧。

《天氣之子》也是在動人配樂、絕美影像和感人故事的組合之下，讓觀眾的情緒跟著劇情高低起伏，把這種電影手法發揮得淋漓盡致。縱使我的理智告訴我，這是製作團隊精心巧妙的鋪陳，也明知道自己的情感正被牽著走，卻完全無法逃離，最後的二十分鐘，我的淚腺還是不由自主地潰堤了。

只不過，結尾部分的餘韻稍嫌不足，或許是電影有點說明過多的關係，不像《你的名字》或是名作《秒速5公分》（二〇〇七年）會讓人在腦海裡一直盤旋。但是，以大衆爲對象的作品來說，在品質和題材的普遍性上，程度有明顯的進步，電影把讓觀衆們在意的「現在的氣候狀況，或許眞的很糟糕」的恐懼感具體呈現出來，看完之後的心情反而是很嚴肅的，並不會覺得這是荒誕無稽的劇情設定。雖然，日本觀衆的意見在這一點也出現了分歧。

追悼動畫界大師高畑勳

日本的動畫大師高畑勳導演上個月因病辭世，他和宮崎駿一起成立製作動畫場所「吉卜力工作室」，是動畫界的傳奇人物。我是看著他的作品長大的日本人，他的逝世令人有強烈的失落感，同時，在此我也由衷地表達追悼之意。

在台灣，吉卜力的名號也相當有名，關於宮崎駿導演幾乎也是無人不知無人不曉的響叮噹人物，至於高畑勳導演，可能有大半的人不聞其名吧。但是，舉凡《阿爾卑斯山的少女海蒂》（另譯：小天使）、《螢火蟲之墓》、《兒時的點點滴滴》、《平成狸合戰》等名作都是出自他之手，還有其他爲數不少的作品。對我而言，特別留下深刻印象的是他的最後作品《輝耀姬物語》，改編自日本古代童話《竹取物語》，用他的觀點重新詮釋拍成動畫。其中，從月亮來的輝耀姬（竹取公主）原本是在山林中自由自在地生活著，可是之後成爲被幽禁在豪華宅邸裡的籠中鳥，她的精神狀態瀕臨發瘋，陰森逼人的描寫令人不寒而慄。

當時，我是帶著還在上小學的女兒去電影院看的，以往她都很開心地分享她的觀後感，可是當時她看完後，走出電影院時是帶著複雜的表情不發一語，至今我依然記得。與其說是娛樂作品，也許《輝耀姬物語》應該說是高畑導演身爲作家的文學作品比較貼切。這部耗資五十億日圓製作費的動畫，票房成績卻停留在二十億日圓，當然是虧本。於是，吉卜力的經營模式被認爲是「宮崎賺的錢，讓高畑揮霍」，看來似乎有些貼切。

宮崎駿的早期作品《風之谷》、《龍貓》、《魔女宅急便》、《神隱少女》偏向娛樂性質，相較之下，近年的《崖上的波妞》、《風起》等作品比較以想像力和美學爲優先取向。我認爲這是因爲宮崎駿的重心不再是「觀衆想看的」，而是以「自己想拍的」爲優先，就像是侯孝賢導演自二〇〇〇年以後的作品也有類似的傾向。

以結果來看，最近宮崎駿的作品在故事性的整合上明顯出現漏洞，可是相對地高畑的作品在敘事邏輯上前後一貫，甚至是太過理論性了。劇情的發展沒有任何的縫隙或多餘，情感表現細膩，與受大衆歡迎的宮崎駿作品相比，少了華麗的噱頭。可是，我個人認爲高畑勳的作品是可以跨越時空藩籬，一直流傳下去的「經典」。

從以前開始，宮崎在繪製高畑的作品時，也經常會批評對方，同樣地高畑也會批評宮崎的作品，這兩個人是非常要好的朋友，既是戰友也是競爭對手。宮崎平常會說：「我可以批評高畑，但是如果除了我以外的人批評高畑的作品，我就會批評那個人。」這句話的背後應該是宮崎認爲自己正是最懂高畑勳的人吧。

吉卜力工作室爲高畑勳舉辦的追思會上，宮崎駿在致詞時說：「那時候，我們盡全力活過來！高畑對工作毫不屈服的態度是我們的典範，我是在高畑的作品下學習如何做事的，深表感謝。」這番話令人為之動容。

日本的動畫聞名國際，一直以來和迪士尼動畫分庭抗禮，走出自己的路，直至今日。昭和時代的動畫是手塚治虫打造起來的，而平成時代的重要推手則非高畑勳和宮崎駿莫屬了，一代巨匠殞落了，但是他的作品將永遠遺留人世。當時小學生的女兒或許無法理解《輝耀姬物語》的意涵，希望她長大之後，能夠好好地重看一遍，這部高畑留給後世的巨作。

燃燒生命，讓台灣文學走進日本的天野健太郎

為逝去的人物撰寫生平事蹟，在日文裡叫做「評傳」（傳記）。我現在要寫的，是因胰臟癌過世，年僅四十七歲的台灣文學翻譯家天野健太郎的傳記。

龍應台的《大江大海一九四九》和《目送》、吳明益的《天橋上的魔術師》及《單車失竊記》、幾米的《星空》等，這些近年來台灣最頂尖的優良讀物，都是藉著天野先生的手送到日本讀者眼前。

對我來說，天野先生和我的距離太近。當他甫過世時我無意在社群媒體上推文抒發，也是因為在接獲訃聞後有段時間仍在整理情緒。

我跟天野先生都忙於工作，一年只會見幾次面，但每次見面，話題總圍

繞在日本社會對台灣的理解問題。在日本，關於台灣的資訊可略分爲二：一個是觀光爲主的台灣，另一個則是日治時期的台灣記憶或紀錄。我們有相同的問題意識，認爲在日本的台灣資訊有其偏頗，希望能加以矯正。不是觀光或歷史不好，而是感覺能說的都說完了。我們聊的是，該怎麼把台灣其他有趣之處，傳達給日本社會知道。

天野先生和我都是在解嚴後、民主化的台灣學習中文。作爲親近台灣社會的一代，我們都希望從一九九四年司馬遼太郎出版的《台灣紀行》，這個日本社會理解台灣的突破點開始，天野先生用文學、我用新聞記者的角度，各自開拓出新的世界。

天野先生和我幾乎是同時開始書寫台灣。身爲翻譯家的他，出道的作品是二〇一二年日本白水社推出的華語圈暢銷大作——龍應台的《大江大海一九四九》。此後，他就以每年兩本的速度推出翻譯書，最後這六年共翻譯了十二本書。

我也在二〇一一年出版了《兩個故宮的離合》，雖然比不上天野先生，但仍以一年一本的速度出書。每次我出一本，天野先生也出一本，有時他會請我撰寫書評，有時我也會反過來請他幫忙。

在他身邊，可能比我親近的朋友還有很多，但在日本出版界裡，針對一般讀者持續出書介紹台灣的我們，既是盟友也是對手，這一點沒有其他人跟我一樣吧。

即便是幾年前，天野先生發現自己罹癌，他的工作速度也沒有減緩。不，反而應該說是加快腳步了。他圓潤的外表變得愈來愈瘦削，有時問他：「你要不要休息一下？」他總用短促的語氣回應我：「沒問題、沒問題」，我就什麼也說不出口了

他的遺作，是吳明益的小說《單車失竊記》，十月才剛出版，想必是他耗盡最後的力氣完成的吧。他用盡力氣，確保書順利完成，最後被病魔帶走。但我想，天野先生原本並沒有打算把《單車失竊記》當作最後的工作來

做。據我所知，他曾和我認識的幾位編輯討論新的企劃案，看得出來他想要再多做一些翻譯。

我最後一次見到他，是二〇一八年六月。我的新書出版後，請他來活動中與我對談。雖然我知道他去年剛動手術，但那天他意外地精神奕奕，也認眞地把書看完了。這確實是他的作風，扎實的評論讓我非常感謝。活動後的聚會，他也參加了。

可惜的是，我們兩人過去賣得最好的書，都和台灣無關。我的是《伊拉克戰爭從軍記》，天野先生的則是香港推理小說家陳浩基的《13．67》。「好想哪一天出一本賣得最好的書，是以台灣爲主題啊。」活動結束後的我們邊吸著拉麵邊說笑。那就是我記憶中，最後一次和天野先生的對話。

不過，天野先生作爲翻譯家的才能，眞正令我感到驚嘆的，就是那本香港的推理小說。對他而言，香港是不熟悉的土地。原著是以廣東話寫成，帶有許多細微語意差別的筆法，卻在天野先生獨特的解讀下，成爲巧妙的日語躍於紙上，重新有了生命。我在心中想著，這工作我做不了，還是別做翻譯的好。

他只要投身翻譯，就能把原著重新詮釋，帶入日語的世界。這樣的能力，就如同吳明益在天野先生離世後於臉書上寫的一樣：「（日本出版的）《天橋上的魔術師》、《單車失竊記》，是我和天野的共同作品。」

對於天野先生的離世，一直在近距離觀察他的台灣文化中心主任朱文清形容：「這是台灣文學界的損失。」台灣文學在日本外國文學之中，是非常小眾的領域，儘管出版了許多優秀的作品，但介紹給學界以外的人認識，機會是少之又少。在這樣的荒野之境，《大江大海一九四九》、《天橋上的魔術師》等書，能在商業上取得成功地位，和天野先生的翻譯以及他選擇作品的策略有很大的關係。

此外，等待天野先生翻譯的作品堆積如山，沒辦法一下子就找到人代替。如此一來，說是台灣文學界的損失，此話確實不錯。我想補充的是，從讓更多日本人理解台灣這個角度來說，也是極大的損失。

這位翻譯家的活躍，就像流星般劃下句點。這十年來，他好像把台灣文學握在手中，再拋給日本讀者說：「來，好好享受吧！」說完之後，他就消失了。這樣的做法不是很過分嗎？我一面拿起全新的《單車失竊記》日文版展頁閱讀，一面靜靜地為天野先生祈福。

但我想，這可能不是一場愉快的閱讀經驗。因為我知道，天野先生如同文字之神降臨一般的精彩譯文，再也不會有機會看到了。

「食文化」大解析

對於日本推出麻婆豆腐珍珠飯、珍珠鹹酥雞之類的料理，
台灣網友的反應很有趣，像是「日本人不要玩食物好嗎」、
「快點住手……珍珠不是這樣用的」，
但正因為是日本人，才會嘗試以不同的方式來料理珍珠吧。
在台灣也有很多令日本人感到不可思議的壽司，還會放肉鬆跟皮蛋。
當然，我還是希望在日本做台灣味料理的人，
盡量做到跟台灣道地的味道相近。

「台灣製造」的日本中華料理

日前，我拜訪了廣島縣的尾道市，是爲了參加在「島波海道」（Shimanami Kaido）舉辦兩年一度的國際自行車大賽。以自行車聖地聞名的島波海道，是連結廣島縣和愛媛縣的高速公路，長達七十公里，沿途可欣賞到坐落於瀨戶內海的小島美景，相當有名。這是日本唯一封閉高速公路所進行的自行車盛事，當日也聚集了許多來自國內外的自行車愛好者，一同來共襄盛舉。

每次參加這樣的活動，我最期待的就是可以利用大會前後的自由時間，四處品嘗當地的珍饈美饌。

提到尾道的話，馳名全國的就是「尾道拉麵」了。我一抵達尾道車站，就立刻趕往站前的有名拉麵店「谷」。正好是中午十一點的開店時間，但是一走進去才發現店裡已經快客滿了，有一半的顧客都是從外地來的自行車騎士。我點了拉麵，以醬油爲底的湯頭上面懸浮著豬背脂（豬的背部脂肪）。使用豬背脂增加香氣風味，是尾道拉麵的特色之一，甚至因此在日本全國打響了知名度。口感滑順的平打麵條與醬油湯頭十分搭配，醬油的甘醇和油脂的香氣融爲一體，濃郁的湯頭味道也是大受歡迎的原因之一，對於吃膩單純的醬油拉麵的人來說，簡直是一大福音啊！

現在去到超商，幾乎都有販售「尾道拉麵」口味的泡麵。即使在東京或大阪等都會區，也看得到不少主打尾道拉麵的店舖。提到尾道旅遊，很多人的第一個念頭就是衝著尾道拉麵而來的吧！

其實，尾道拉麵的發明者是台灣人。在尾道，有一間創業於昭和二十二年（一九四七年）的中華料理店「朱華園」。來自台灣的朱阿俊是從擺拉麵攤起家的，當地人都稱爲「朱桑的店」，很受歡迎。對不少市民而言，朱桑的拉麵幾乎是從小吃到大的懷念滋味。

朱桑過世之後，由與日本妻子之間生的兒子繼承衣缽。據說，他為了能夠更接近父親的味道，經常造訪台灣，體驗台灣的味道。

日本的中華料理已經和日本人的飲食生活密不可分。在日本，根據統計，中華料理店的數目僅次於和食店。

但是，以「中華」這個名稱來看，日本人容易與「中國」連結在一起，實際上中華料理在日本的發展進程裡面，台灣人扮演著重要角色。因為有一些從戰前就居住在日本的台灣人，在戰後也留在日本，他們成功在中華料理的世界裡獲得一席之地。

代表例子就是讓「杯麵」成為世界熱銷商品的日清食品創立者——安藤百福（吳百福），他來自嘉義朴子。ＮＨＫ晨間劇播放的《萬福》（日文為まんぷく）就是講述安藤的成功故事，有很高的收視率。還有，到大阪出差的人經常購買的伴手禮裡面，最受歡迎的「蓬萊」肉包也是來自嘉義的羅邦強創立的，他在戰後民不聊生的廢墟裡，開了一間中華料理店，也賣肉包，成了日本全國皆知的品牌。

另外，最近人氣高漲的名古屋特產「台灣拉麵」，是源自於中華料理店「味仙」。台灣人的郭明優從台南知名的擔仔麵得到靈感，將絞肉經過辣味調理後，放在拉麵上頭，研發出台灣沒有的台灣拉麵，而且成為名古屋的招牌料理。

原本是從中國大陸傳至日本的拉麵，融合了台灣的味道，經過不斷的失敗與嘗試的結果，開發出符合日本人口味的拉麵，於是這種混雜（hybrid）「日台中」三要素的美食應運而生。這些生存在日本與中國夾縫中的台灣人，確實為日本的飲食文化發展帶來了很大的影響。

我一邊吃著好美味的尾道拉麵，一邊感謝美味背後的台灣人。

「暗黑」台灣小吃逆襲日本，台灣味該被淨化了！

日本有台灣美食潮，不管走到哪裡，都有人在賣台灣料理和台灣珍奶。大約十年前，說得出來的台灣美食，只有小籠包。

現在的台灣美食，可以說是在日本成爲主流。長期在日本宣傳台灣美食的我，對於現況深感欣喜。

最近，跟7-Eleven、全家並列爲日本三大超商，但在台灣尚未展店的羅森（Lawson），開始賣起了「台灣雞排」，其「好像台灣的味道」也成爲話題。

我因公常去東京虎之門附近，那裡有間賣台灣麵線的店，做的是道地的台灣味，所以我常去那裡吃。

我最近常在想，還沒有在日本落地的台灣美食，不是還有蝦捲、臭豆腐、豬血湯、米苔目嗎？我想蝦捲和米苔目還有可能，但臭豆腐和豬血湯可能就有點難了。

無論如何，台灣美食剛到日本的時候，我不會一一抱怨「這跟正港的台灣味不一樣」，因爲只要有台灣美食到日本開店，我就很開心了，我是懷抱這樣的寬容心情。

但最近，愈來愈多事情使我無法保持沉默。因爲，距離台灣很遙遠的「台灣風味」實在太多了。

自由之丘有一間店，那裡賣的「台灣拉麵」和「台灣味水餃」自稱很辣。我當時肚子有點餓，就進去吃看看。

先端出來的是台灣味水餃。我起初有些不安，因爲就我所知，沒有所謂的台灣味水餃。台灣有水餃和鍋貼，但這兩個都不會辣，而是吃的人自己可以按照口味另外加辣。

但這家店的水餃，淋上了辣油，很明顯是四川風味的抄手。而且餃子是冷凍過的，加辣之後也不好吃。

接著上來的是台灣拉麵。台灣本來就沒有「台灣拉麵」。二戰之後，在名古屋那邊的人以台灣擔仔麵為靈感，把辣味的肉燥加在拉麵上，成為頗受歡迎的「名古屋的台灣拉麵」。

那樣搭配很好吃，但我也常聽到名古屋人到台灣的時候，因為沒有「台灣拉麵」而感到失望。

只是，名古屋的台灣拉麵很好吃，我也很期待。但這間店的台灣拉麵並沒有肉燥，只是加了辣醬的拉麵而已，口味還比較接近韓國料理。

我試著問店裡的人「這個水餃哪裡有台灣味」，但對方解釋：「我沒去過台灣，這是總部賣給我們的食材和菜單，上面就寫著台灣味。」

跟店家抱怨也沒用，我在臉書寫上這段經歷後，很多人回應渴望「推動台灣料理的淨化運動」。在日本，愈來愈多熟悉道地台灣味的人，對此感到不滿。

最近在日本，原本寫著「中華料理」的店，漸漸換上了「台灣料理」的招牌。

過去在日本的台灣人，因爲對台灣的味道不熟悉，開餐廳的時候都不得不以「上海料理」、「廣東料理」爲名，但最近以「台灣料理」爲名開餐廳的中國人也不少。

因爲台灣料理在日本成爲品牌，我想給予肯定，但碰上有意「掛羊頭賣狗肉」的店家，還是很令人生氣。

二〇一九年年底，大阪舉辦一個珍珠奶茶的活動，當時用了在日本掀起熱潮的珍珠奶茶，製作飲料和料理給參加者品嘗。我看了一下官網，感到非常錯愕。

黑糖珍珠奶茶、珍珠花生湯這些還好，但甚至還推出了珍珠水餃、麻婆豆腐珍珠飯、珍珠海鮮煎、珍珠肉羹、珍珠鹹酥雞、珍珠烏龍舒芙蕾、珍珠蘿蔔絲餅之類的料理。雖然官網寫著從台灣來的，但我從來沒有在台灣看過或吃過這些東西。

網路上，台灣人的反應很有趣，像是：「日本人不要玩食物好嗎」、「別這樣拜託」、「快點住手……珍珠不是這樣用的」、「珍珠鹹酥雞是怎樣啦，不要亂搞好嗎」、「珍珠肉羹到底在幹嘛啦吼」、「日本人別玩台灣珍珠」……。

這些反應都很有道理。一言以蔽之，我的感覺就是「太離譜了」。

但是，冷靜一想，正因爲是日本人，才會嘗試不同的方式來料理珍珠吧。

比方說，日本也有口感跟珍珠很接近的「白玉」（口感接近小湯圓），但日本人不會想用白玉做餃子或炒飯。我們只會用白玉做和風甜點。在台灣這個珍珠的故鄉，珍珠的用途還是僅限於甜點跟飲料吧。

在台灣也有很多令日本人感到不可思議的壽司。台灣的壽司，還會在飯上放著肉鬆跟皮蛋，許多日本人也對此懷抱疑問。

而日本人吃「納豆義大利麵」或是「明太子義大利麵」的行徑，肯定也讓義大利人感到吃驚吧。

基本上，外國的料理要怎麼吃，都是我們的自由。但是我認爲，自由也有限度，珍珠餃子或珍珠炒飯這些還是免了吧。

我還是希望在日本做「台灣味」料理的人，盡量做到跟台灣道地的味道相近。若非如此，我明年就要去台灣文化部申請補助，在日本發動一場「台灣味美食淨化運動」了。

日本人在台用餐該小心什麼？

最近在新聞上看到報導，指出台灣人在日本和日本人用餐時該注意的禮儀，列舉四項：「進到店裡，要先點啤酒大家一起乾杯」、「不可以比上司或前輩提早開動」、「不可以兩個人一起用筷子夾同一樣東西」、「不可以自己斟酒獨飲，要互相倒酒」。仔細想一想，以上這些所謂的禮儀，每一項我都不大認同，特別我是很喜歡獨酌的人。可是，在日本，的確在一些場合不得不對自己的言行要小心特別。

反過來說，以身爲日本人的角度，如果是日本人在台灣用餐的話，該注意哪些禮儀呢？我絞盡腦汁，整理出下列幾項跟大家分享。

首先是點餐。要點什麼料理，日本人會先詢問出席者的意見，而台灣人大都是交由上司或長輩決定。他們會考慮到下酒菜、蔬菜、豆腐、魚、肉、湯等不同類別，全神專注在設定的預算內如何均衡安排菜色。因此，如果在一旁出主意說「我想要吃那一道菜」之類的話，對方有可能會露出「不要煩我」的厭惡表情。所以，在台灣參加聚餐時，只要附和說「我都很喜歡吃」就好了。

還有，在用餐完畢後，不需要講「謝謝招待」（ごちそうさまでした）。在日本，如果不講的話，會被認爲沒有禮貌的傢伙，在日本文化裡面，這句話比「我要開動了」（いただきます）還要來得重要。但是，在台灣很認眞地說「謝謝你請我吃飯」，對方反而是一臉困惑。比起這句話，應該要說「下次換我請你吃飯」，當然把感謝放心上，什麼都沒有說也沒關係。

還有一個，就是不要把料理全部吃光。日本人不喜歡剩下食物，所以盡可能地把桌上的菜全部吃完。但是，在台灣一般都會比平常吃的量再多點一些，因此你努力把菜吃完，台灣人卻可能誤解爲「你還沒吃飽」，又再加點，而日本人看到既然點了，又再努力地吃。這樣的惡性循環下，在台灣的日本人大概都會發胖。所以，我的建議是如果吃飽了，就把筷子放下，在一旁靜靜等待時機，感覺聚會差不多要結束的時候，開口問說：「沒吃完的，我可以把它帶走嗎？」雖然日本人沒有打包剩菜的習慣，可是台灣人會帶回家之後，隔天加熱來吃。

另外，就算餐桌上沒有主食，也毋須感到驚訝。日本人很重視「結尾」（締め），在用餐的最後會吃飯。在日本的居酒屋，通常在散場的三十分鐘前，會有個人出聲問：「結尾要點什麼？」飯糰、茶泡飯或是拉麵等，大家吃完肚子都撐了。但是，台灣人在聚餐時，很多時候直到最後都不會出現主食是很正常的，如果是炒麵或炒飯也是最先上桌，所以日本人心裡可能很納悶：「咦，突然就上主食？」

最後一點是不要太喝醉。日本人認爲酒席和上班是兩碼子事，即使面對上司，喝了點酒，行爲有些冒犯也會被原諒，我們稱這個「無禮講」（在宴會上，不在意地位或身分的高低，一起同樂），不要太過分的話，失禮一下也沒關係。

相反地，台灣人在聚餐的場合上也絕不會掉以輕心，上司會豎起耳朵仔細聽每一個人的發言，有人會盡量趁這個機會拍馬屁，即使是無聊的笑話，也是跟著一起笑就好。當然，絕對不要隨便說別人的壞話或諷刺的話語。日本的「無禮講」文化在台灣並不通用，即使是開玩笑說：「經理似乎沒什麼女人緣。」也許明天到公司上班時，就沒有你的座位了。

以上或許是我個人的偏見。但總而言之，聚餐是重要的國際交流場合，所以在禮儀上出現誤會的話，可就壞了興致。知己知彼，關於台日之間的用餐禮儀，還是要多留意一下不同的文化習慣。

日本人忘不了「舌尖上的台灣香蕉」

現在的我是個空中飛人，過著一邊旅行一邊採訪寫作的生活，所以特別注重自己的健康管理，萬一在旅行中生病，可就麻煩了。

我的健康管理關鍵在於食物，早上以水果爲主，中午就來個主餐和攝取許多蔬菜，晚上則是小酌再配一些下酒菜而已，不管到哪裡都盡可能地貫徹實行這種規律的飲食生活。以結果來看，對我而言，透過個人多方嘗試的經驗，這個是最能夠維持健康的方法。

旅行時，我通常跳過飯店提供的早餐，選擇到街上買個水果吃，最常吃到的就是香蕉和柳橙。香蕉有助消化，營養價值高，而且很容易買得到。實際上，去到亞洲各國，幾乎是大街小巷都看得到香蕉，像在緬甸，除了黃色香蕉，甚至也有黑色香蕉，大小不一，但是口感非常柔軟香甜。不管是在哪一國吃的香蕉，都比日本販售的還要好吃。這是殘酷又悲傷的事實。

日本人非常喜歡吃香蕉，但是在氣候上無法自行栽培，所以日本大部分的香蕉，都是從南美洲或菲律賓等國家，以低價大量進口。但是，甜度和香氣就略輸一籌，香蕉肉也像是冷凍過的，吃起來澀澀的。

在日本，可以經常聽到六十歲以上的老一輩說：「台灣香蕉的綿密滑順和香甜，眞令人難忘。」如果提到與香蕉有關的，最爲人所知的大概就是作家吉本芭娜娜和甜點「東京香蕉」吧。吉本芭娜娜的筆名由來據說是因爲她「喜歡香蕉花」，而且應該也有很多人沒看過香蕉花長什麼模樣，很奇妙的理由。另一個「東京香蕉」，實際上和台灣香蕉有密切關係，緣由是社長忘不了台灣香蕉的味道，因此想要開發出像台灣香蕉般美味的甜點，現在成爲代表日本的伴手禮，在國內外也擁有大批的支持者。

這位社長記憶中的台灣香蕉是指一九七〇年代以前從台灣進口到日本的

香蕉。一九七〇年代以前，台灣香蕉在日本的市場上非常受歡迎，被定位爲高級水果，並且帶給台灣豐富的外匯收入，甚至是佔了三分之一左右。

我曾在出版的新書《漂流日本：失去故鄉的台灣人》裡，介紹參議院議員蓮舫的出身背景時，有提及她的祖母陳杏村獨當一面從事香蕉貿易。當時，台灣香蕉的主要產地是在高雄旗山和屏東等地，陳杏村在與蔣宋美齡也牽涉其中的香蕉貿易角力戰裡佔有一席之地，被稱爲「香蕉女王」。

那個時候，我在日本採訪了過去曾經從事香蕉進口工作的台灣人，得知台灣香蕉從進口到市場上的流通過程。根據他的說法，台灣香蕉進口到日本後，先放在溫室讓它發酵，判定發酵程度是專家的工作，在眞正成熟之前，是不會在市面上流通的，這也是台灣香蕉之所以香甜和軟嫩的秘訣。而且，有很多環節都是台灣人的工作。

近年來，台灣政府一直希望重新恢復出口香蕉到日本。有新聞報導指出，台灣在東京國際食品展成功拿下香蕉銷日的訂單，簽下高達五億台幣的合約。對於這樣的消息我當然是樂觀其成，正好是日本人已經對難吃的香蕉產生厭倦之際，台灣香蕉的美味可以作爲當頭棒喝，讓更多日本人重新愛上香蕉的味道。價格太貴？如果好吃，那價格就不成問題。日本人連芒果一顆三千日圓也肯買單，現在進口的香蕉一根平均是三十日圓左右，如果台灣香蕉眞的能夠收服日本人的味覺，一根兩百日圓的話，更能夠做出市場區隔吧。

在日本人之間，有關台灣香蕉的「舌尖記憶」依然像傳說般深刻地留在心中，相信台灣香蕉在日本市場上重振威風是指日可待的。

日本的蕎麥麵店為何沒來台灣？

每次去到台灣，都會發現與日本有關的餐飲店又增加了，令人吃驚。對台灣人而言，摩斯漢堡和吉野家已經成爲飲食生活裡不可或缺的一部分。近年來，連聽都沒聽過的日本拉麵店也在街頭上四處林立。當然淘汰的速度也很驚人，有一些店感覺不久前才剛風光開幕而已，幾個月後就消失了。

有趣的是，不管是哪一種餐飲店，能夠成功在台灣立足的，其實在味道和菜色上與正宗的日本還是有些微妙的差異，這或許可以稱爲在地化吧。舉例來說，台灣摩斯漢堡販售的菜單有一些是日本沒有的；日本的吉野家是男性可以一個人用餐的地方，而且單點的品項居多，可是台灣的大多是推出附上飲料、醃漬品、甜點等的套餐組合，而且顧客群很多是攜家帶眷的，有家庭餐廳化的趨勢。

摩斯漢堡也好，吉野家也好，在日本的母公司因爲同業的激烈競爭，在經營上陷入苦戰，但是幸好早期就到台灣展店，業績表現似乎也比日本還要亮眼。

日本人的飲食文化這麼不斷地傳到台灣，可是幾乎看不到蕎麥麵店的蹤影。「拉麵、咖哩、烏龍麵、蕎麥麵」的日本平民食品四大天王裡面，只有蕎麥麵在台灣缺乏人氣的樣子，究竟是什麼原因呢？

在台南經營蕎麥麵店「洞蕎麥」的日本人大洞敦史指出，蕎麥麵對台灣人而言是「與烏龍麵和拉麵相比，比較不容易接受的食物」。

他列舉出的理由如下：一是蕎麥麵的沾醬味道偏鹹，清爽的蕎麥麵配上濃厚醬汁，日本人正是喜歡這種味道，可是台灣人會覺得太鹹了；二是桌上如果只有竹籠蕎麥麵的話，會覺得簡陋，因爲台灣人的用餐習慣喜歡桌子上有很多碗盤，看起來比較豐盛；再者，就是台灣人喜歡口感Q彈有嚼勁的麵條，蕎麥麵一咬就斷，而且吃起來澀澀的，確實有點難以親近。

但是，我們知道原本在台灣人的傳統飲食生活裡面不受到青睞的食物，有些也會隨著時間慢慢被接納。就像生魚片，因爲日治時代就傳到了台灣，現在的婚宴請客或者是餐廳聚餐，幾乎少不了這一道。對日本食物的接受度，台灣人比中國人還要高。

大洞又補充說道：「雖然蕎麥麵是台灣人不太熟悉的食物，但也無法斷定就是口味不合。很多客人說，以前只吃過便利商店的蕎麥麵，但是來過洞蕎麥以後，才喜歡上蕎麥麵的。」

的確，有不少人是「沒吃過卻感到排斥」的心態作祟，帶著先入爲主的偏見。其實，蕎麥麵也可分成冷食和熱食兩種。可惜的是，很多台灣人只知道冷食的蕎麥麵，其實日本人在冬天也喜歡來一碗熱呼呼的蕎麥麵呢。

還有，吃完冷蕎麥麵之後，店員會端出水煮過蕎麥麵的「蕎麥麵湯」。我熱愛這個蕎麥麵湯，每次吃完蕎麥麵後，把剩下的沾醬倒入蕎麥麵湯內，攪拌一下，再撒上七味唐辛子粉，喝起來有蕎麥的淡淡香氣，非常好喝。

現在，在日本流行的創意蕎麥麵等，應該會受到台灣人的喜愛。創意蕎麥麵的發祥店是位於虎之門的「港屋」。我也曾經造訪過，可惜去年因爲土地進行重劃而歇業，但是它在日本掀起了很大的蕎麥麵新風潮。

港屋這家店打破了過去大家對蕎麥麵的印象，在像是烏龍麵般的渾厚蕎麥麵條上，淋上辣油，放上蔥或竹筍等配料，混合著生蛋黃一起攪拌食用，想必這個一定會在台灣大受歡迎吧。以前，台灣人討厭吃生蛋，但是最近習慣日本食物的人也越來越多，但是也可以改成糖心蛋或荷包蛋，是種另類的創意啊。

正因爲還沒有在台灣展店，所以是進軍的大好機會。三年後，說不定台灣也會掀起蕎麥麵的風潮。

令和天皇登基晚宴菜單大公開！為何三十年來堅持法國酒？

儘管過去人們把天皇稱之爲神，但他們是人。只要是人，就要吃飯。那麼，天皇平常都吃什麼呢？

扣除走訪各地的時間不算，天皇一年都有大半時間在皇居內度過，平時幾乎不會到一般餐廳去吃飯。

天皇的御膳，是由日本宮內廳管理部大膳課的主廚們負責，人們以「天皇的御廚」稱之。

雖然平成天皇的主廚們，還在明仁上皇與新天皇的轄下工作，但曾爲明仁的父親昭和天皇製作御膳的主廚們有的已退休，有的在外開餐廳。從他們的口中，我們可以聽到一些天皇的飲食生活。

比方說，昭和天皇年輕時喜歡吃西式料理，但隨著年紀漸長，慢慢喜歡吃和食。據說，過去掌廚的料理長秋山德藏，是過了六十歲才開始學習烹煮日式料理。

此外，昭和天皇的早餐，幾乎是以燕麥、玉米片、吐司爲主，再搭配溫熱的蔬菜。平成天皇明仁也是一樣，早餐以西式爲主。午餐和晚餐，則是日式和西式交替，如果午餐吃日式，晚餐就做西式料理。若吃魚，除了沙丁魚、竹筴魚、鯖魚之外，也愛吃鰻魚。天皇偶爾也吃中華料理，拉麵等也在菜單之列。

在皇宮裡呈上料理是女官們的工作。據說，天皇吃完料理，也會對女官說出自己的感想，像是「好吃」或是「這道菜是誰做的」。

天皇飲食備受關注，是因爲令和天皇登基大典的舉行。大家都很關心，爲了慶祝天皇登基，從世界各國受邀而來的上千賓客，要跟天皇一起吃什麼。

宮廷晚宴的菜單對外公開後，我仔細地看了內容：

前菜：烤春子鯛、蝦肉壽司、鹽蒸鮑魚、百合根、錦燒鴨肉、黃柚盒子、鮟鱇魚肝、栗子、小黃瓜

醃漬物：醃漬魚類（煙燻鮪魚、扇貝、扁口魚、西太公魚）

燒烤：牛肉蘆筍卷、花椰菜、香菇、小洋蔥、小番茄

蒸物：茶碗蒸（魚翅、舞菇、山芹菜）

炸物：三色炸物（螃蟹、鱚魚、幼雞——即下蛋前的肉雞）、紅葉麩、慈菇、銀杏、松葉蕎麥

什錦炊飯：鯛魚肉、竹筍、香菇、乾葫蘆絲、蛋絲、紅生薑

湯品：伊勢龍蝦、松茸、法國菠菜

水果：哈密瓜、草莓、木瓜

甜品：和菓子兩種

飲料：日本酒、白酒Corton-Charlemagne 2011、紅酒Chateau Margaux 2007、礦泉水、日本茶、新鮮橙汁

每一道看起來都很美味，色彩繽紛，賞心悅目。來自各國的賓客，宗教信仰大不相同，因此料理以魚和蔬菜爲主軸，特別避開豬肉，據說也有針對素食者設計的菜單。

但我看到飲料時想了一下，酒單除了日本酒之外，就是法國酒。爲什麼沒有德國、義大利、美國等國的酒單？

理解答案的關鍵，就在皇室的思維。其實，二〇一四年美國總統歐巴馬訪日之旅，還有一個話題引起討論，那就是天皇主辦的宮中晚餐會，用最高級的法國酒來招待賓客。當時引來外界批判：「加州酒莊出的酒不是更好嗎？納帕山谷等等也有很好的酒。」

確實，接待客人要調查對方的喜好，細心預備細節，讓對方開心，這是

基本的待客之道。

不過，根據日本外交專家西川惠先生的著作，宮中晚餐會嚴守規範，只能用法國酒待客。這樣的設計表示，日本皇室擁有特別的待客精神。

按照對方的差異，用不同方式接待，這是政治和外交上的常識。表面上看起來雙方平等，但實際上是做出差異化，讓對方感受到自己的態度，這也是外交禮儀的潛規則。

外交的世界裡，如果沒辦法判斷一個國家跟他國比起來，哪個比較重要，所謂的外交行爲就無法成立了。

因此，無論白宮、中南海、白金漢宮、法國艾麗榭宮，或台灣總統府，都會根據賓客不同而有不同的待客之道。在白宮、艾麗榭宮等，這樣的排序都很明確。

但日本皇室排除這樣的外交理論，因爲他們訴求「對任何人都以公平、平等相待，這是最高層次的待客之道」這樣的基本思維。這不只是古時留下來的傳統，更是昭和天皇傳給平成天皇的思維。

我試著調查後，很驚訝地發現，在上一次，也就是一九八九年的登基大典上，菜單幾乎一模一樣。想必就是因爲：不該拿出超越上次登基大典的料理，而是讓賓客享用同等的料理。

日本天皇沒有政治實權。很多人看完天皇登基儀式的轉播，可能也感受不到他擁有什麼特別的權力吧。他們就是謹慎地、靜靜地守護傳統的一群人。

天皇的行事風格，就是對海外賓客們一視同仁，以這樣的待客之道奉爲圭臬。

我認爲，這非常符合當今皇室的作風，決心不參與「政治」，而是表露他們作爲日本人的代表，一一接待海外賓客的心情。

到日本來訪的海外元首，基本上都是爲了政治會談而來。因此嚴格說起來，會見天皇沒有太大的意義。即便拜託天皇什麼事，他也只會微笑以對，不會幫忙轉達給首相安倍。

但是許多海外賓客，都強烈希望可以拜會天皇。我想，這就是天皇的歷史與傳統，在世界各地受到尊敬的證據。

對於天皇制，日本人也有不同意見，而我也想尊重他們提出的批判思維。但我個人覺得，天皇將海外賓客平等視之，溫柔的待客姿態，讓作爲日本人的我感到非常驕傲。

日本人知道這是天皇的行事風格，也希望外國人能理解。

過去，習近平還是國家副主席時，曾走訪日本，強烈希望能見到天皇，還硬是排入行程，讓日本人感到不悅。江澤民也曾在平成天皇面前，長篇大論批判日本的歷史問題，明顯傷害日本人對中國的感情。

雖然這是我個人的願望，但很希望能看見：有一天，台灣總統在皇居和迎賓館，與令和天皇見面，一邊享用法國酒、一邊吃飯。

台灣歷任總統中，英文好的很多，跟曾在哈佛及牛津留學的雅子皇后用英文對話，肯定很聊得來。

為何台灣摩斯表現比日本好？

據說，日本的摩斯漢堡，現正經歷「一九七二年創業以來的第二次危機」。從去年的業績來看，店數和營收都持平，和徹底復活的麥當勞天差地遠。

九〇年代的摩斯漢堡，因爲麥當勞低價搶市而首次陷入危機。有人認爲，眼前的困難更勝當時，因爲摩斯至今尚未提出脫身之道。

也有人分析，麥當勞低價競爭，加上海外漢堡店的高級路線，摩斯漢堡八百日圓的套餐價格，正好夾在中間，不上不下。

我作爲消費者來說，也確實感覺到消費者正在遠離摩斯。不管哪間分店，都已不見往日常有的排隊盛況。

台灣的摩斯漢堡之前上了新聞，是因為蔡英文總統想請幕僚吃早餐，選擇了摩斯漢堡，「因為摩斯元旦開始幫員工加薪，可以去支持一下。」蔡英文在臉書貼文說。

摩斯在台展店非常順利，總店數已經超過兩百五十間。日本總店數有一千三百五十間，但從人口比例來看，已經逼近日本的店數規模了。對日本摩斯來說，台灣摩斯是「孝子」，但若此漲勢不墜，不久就可以青出於藍而更勝於藍。

我們生在漢堡文化之中，不只麥當勞，大部份漢堡也都是從美國而來。摩斯賣的可以說是「日本滋味」，但也不完全是日本原創之味。

創辦人櫻田慧，生在岩手縣的料亭之家＊。他曾在證券公司上班，在美國受到漢堡店 Tommy's 美味的衝擊後，決定在日本創業賣漢堡。

＊高級的傳統日本料理餐廳。

他的目標，是把一九七〇年代出現在美國，由「速食」轉向「快速慢食」（fast casual）的改變導入日本。

一開始，他的資金只有兩百萬日圓。漢堡肉排的開發，不是做到像美國一樣的百分之百全牛肉，而是用盡心思把日本人偏好的豬、牛混合絞肉做成獨特商品。

創業時期，因爲資產不多，摩斯就避開地價較高的都市地段，而是到郊外的住宅區展店，靠著口耳相傳逐漸拓點。

摩斯漢堡推出這樣的策略，就很受我們這個世代的歡迎。

對一九六八年出生的我而言，摩斯漢堡就是蘊藏在生活中的「小確幸」。每逢週末，我從補習班回家的路上經過摩斯，一一試吃菜單上的商品就是我的樂趣。摩斯漢堡、照燒漢堡、米漢堡各有支持者，相互爭論何者比較美味，但共通點是我們都認爲，「麥當勞便宜，但不好吃。摩斯稍貴一點，但好吃。」

但爲什麼現在同樣的摩斯漢堡，在日本卻陷入苦戰，在台灣則表現亮眼？

就味道來說，試吃台灣、日本兩地摩斯的招牌商品「摩斯漢堡」和「炸薯條」之後，似乎沒有太大差別。既然如此，是什麼讓台灣和日本的摩斯有如此差異呢？

我在店面感受到的是，兩邊的客層相當不同。

我去了位在台北市松江路和長春路交叉口的摩斯漢堡。儘管是平日晚上，也擠滿了家庭或是情侶，一個人的客群則少得多，單人多以外帶爲主。

而我去新宿的摩斯漢堡時，印象深刻的是，中年以上的單人男性客群很多，應該是對年輕客群的開拓不足吧。總之，日本摩斯的店裡，女性、小朋友和年輕人不多。

而且，日本摩斯的店面很小，服務不夠細膩，不像台灣的摩斯店內還設有洗手台。

我問了幾位帶小孩的台灣女性，爲什麼會想到摩斯，很多人答說：「食材值得信賴」。確實，只要到台灣的摩斯，黑板上總寫著食材產地。雖然也有消費者認爲台灣摩斯太貴，但現在台灣消費者的特徵，就是願意爲了「安心、安全」多花一點錢。

我喜歡吃雞塊，所以每次都會點一個漢堡加雞塊。但在日本買雞塊的時候，醬料一個四十日圓，台灣的醬料則是免費。雖然是小細節，但摩斯的雞塊售價高達三二〇日圓，再加四十就成了三六〇日圓，跟照燒漢堡一樣貴，這樣就讓人不想點雞塊了。

日本摩斯的菜單裡，還有「特別國產肉漢堡」，是台灣沒有的產品，比其他漢堡貴了五十到一百日圓。老實說，我覺得肉排或是麵包的味道，都沒有特別突出，感受不到「特別國產肉漢堡」的口感「特別」之處。

摩斯的價格稍高，我們消費者可以接受。但是，如果高價沒有讓美味和服務提升，消費者也不會選擇摩斯。

日本的摩斯價格雖高，卻沒有同等的安心感或是豪華感。現今的日本年輕世代，跟我們這個世代不一樣，看待摩斯沒有那分「信仰」。

由此看來，日本摩斯不是現在應該好好自我檢討，重新尋找新定位嗎？

現在台灣摩斯表現亮眼，展店數可能很快就會超過台灣的麥當勞。但在日本，摩斯正面臨勝負關頭，關係到摩斯能不能保住「永遠的第二名」，緊追在麥當勞之後。而第三名的「Freshness Burger」等競爭對手也正在激烈追趕。

日本摩斯要復活，可以參考台灣摩斯的成功經驗。「父母向孩子學習」也有其必要吧？

秘魯的「日系料理」與台灣的「台式和食」

在一九八〇年代接受過中高等教育的世代，是一直被灌輸「日本人應該走向國際化」的觀念長大的。可是，當今的日本受到「失落的二十年」的影響，思想趨於保守，甚至包括去海外旅行的人潮也明顯銳減。

那麼，日本人最積極飛向世界各地是什麼時期呢？那就是明治時代。理由不是爲了在國際舞台上發光發亮，而是爲了脫貧。日治時期，渡海移民到台灣花蓮等地拓墾的日本農民也是其中之一。

之前，我曾到南美洲的秘魯旅行。秘魯有很多「日系人」（日裔），他們在明治時代從東北地區、九州、沖繩等的農村，作爲勞動移民千里迢迢來到南美洲開闢新天地。其中有兩人抵達秘魯，在種植咖啡和橡膠的農園工作。

在二次大戰之後，秘魯的日本人移民在當地定居下來，建立家庭，與當地社會融合，形成了所謂的「日系人」。現在，日系人的總數被推測有十萬人或是二十萬人。其中，甚至出現了像前總統藤森這樣在政經界都相當活躍的人物。

而「NIKKEI（日系）料理」就是誕生在這樣的秘魯。融合日本和秘魯的料理，現在在全球的餐飲界掀起了一陣旋風，特別受到矚目的是今年入選為世界前五十名最佳餐廳（The World's 50 Best Restaurants）第七名的「MAIDO」（日文為「每度」，有謝謝光臨之意），主廚是第三代的日系人。以秘魯的食材為基底，做出日本料理的味道，並且搭配一些西洋料理的風格，讓世界各地的老饕慕名前來。

究竟「NIKKEI料理」是什麼樣的料理呢？趁著這趟秘魯旅行，當然要親自體驗一下，可惜的是沒有預約到「MAIDO」，因為接下來的三個月已經額滿了。於是，我到訪了以NIKKEI料理聞名的老字號餐廳「Oishii」（日文為

「おいしい」，美味之意）。

端上桌的「秘魯風味餃子」和「日系炒麵」等多道料理都很美味可口，其中最讓我感動的是「日本風味PARIHUELA」。

「PARIHUELA」是秘魯知名的海鮮湯，將大量的魚貝類放入鍋裡，和香料蔬菜一起燉煮而成，喝得出魚貝類的鮮甜濃郁，香氣獨特，眞是驚爲天人的滋味，堪稱是秘魯的國民美食，也是我喜愛的秘魯料理之一，和台灣的鮮魚湯有幾分相似，但是味道更爲濃郁。

而「Oishii」餐廳的海鮮湯「PARIHUELA」是使用味噌調味，因此海鮮原本特有腥臭味完全消失，甚至起了提味的作用，讓味道更加具有深度。其實，海鮮湯和味噌很契合，在日本喝過龍蝦（伊勢海老）味噌湯的人就知道。這一道由秘魯和日本合奏（fusion）出來的「日本風味PARIHUELA」眞是極品啊！

不同種類的料理經過融合之後，會變得更加豐富多元。我一邊喝著海鮮湯，想起了在台灣也有不少像是花壽司、飯糰、便當等日本沒有的「台式和食」。台鐵的排骨便當在日本就相當有名，大塊的排骨和多樣配菜非常美味。飯糰也是我每到台灣必吃的早餐之一，日本的飯糰是用海苔包住米飯，可是台灣則是把海苔當作配料，包在米飯裡面。這樣的思維轉換變成了創意和商機，不愧是台灣人啊！

只是到目前爲止，我在台灣還沒遇到有餐廳把這些日式料理整合起來販售。融合台灣和日本料理的「台式和食」，如果能夠像秘魯的「NIKKEI」料理在世界上打開知名度的話，日本人專程跑到台灣吃台灣風日本料理的美食觀光潮是指日可待的吧！

人生散步 LWH0020

看見不一樣的日本

——「高級國民」引發階級對立，獲勝之道講求美學，不讓座是怕被嗆聲或婉拒……野島剛的46種文化思索與社會觀察

作　者—野島剛
主　編—郭香君
執行企劃—張瑋之
封面、內頁版型設計—兒日設計
編輯總監—蘇清霖
董 事 長—趙政岷
出 版 者—時報文化出版企業股份有限公司
108019台北市和平西路三段二四〇號三樓
發行專線—（〇二）二三〇六—六八四二
讀者服務專線—〇八〇〇—二三一—七〇五
（〇二）二三〇四—七一〇三
讀者服務傳真—（〇二）二三〇四—六八五八
郵撥—一九三四四七二四時報文化出版公司
信箱—10899台北華江橋郵局第九九信箱
時報悅讀網—https://www.readingtimes.com.tw
綠活線臉書—https://www.facebook.com/readingtimesgreenlife
法律顧問—理律法律事務所　陳長文律師、李念祖律師
印　刷—紘億彩色印刷有限公司
初版一刷—二〇二〇年八月二十一日
初版二刷—二〇二〇年九月二十八日
定　價—新台幣三二〇元

時報文化出版公司成立於一九七五年，
並於一九九九年股票上櫃公開發行，於二〇〇八年脫離中時集團非屬旺中，
以「尊重智慧與創意的文化事業」為信念。

看見不一樣的日本：「高級國民」引發階級對立，獲勝之道講求美學，不讓座是怕被嗆聲或婉拒……野島剛的46種文化思索與社會觀察 / 野島剛作. –
初版. -- 臺北市：時報文化, 2020.08
面；　公分

ISBN 978-957-13-8294-4（平裝）

1. 風俗　2. 社會生活　3. 文化研究　4. 日本

731.3　　109009822

ISBN 978-957-13-8294-4
Printed in Taiwan